Édition bilingue
ITALIEN-FRANÇAIS
avec lecture audio intégrée

*Pour écouter la lecture de ce livre
dans sa version italienne ou dans sa traduction française
scannez le code en début de chapitre
avec votre téléphone portable, tablette
ou encore votre webcam depuis le site* HTTPS://WEBQR.COM

Théâtre
Littérature italienne

Titre original :
La locandiera

Traduction française :
Anonyme

Lecture en italien :
Collectif

Lecture en français :
Collectif

ISBN : 978-2-37808-049-5
© L'Accolade Éditions, 2019

CARLO GOLODNI

LOCANDIERA
La

PERSONAGGI

Il Cavaliere di Ripafratta
Il Marchese di Forlipopoli
Il Conte d'Albafiorita
Mirandolina, *locandiera*
Ortensia, *comica*
Dejanira, *comica*
Fabrizio, *cameriere di locanda*
Servitore, *del Cavaliere*
Servitore, *del Conte*

*La scena si rappresenta in Firenze,
nella locanda di Mirandolina.*

PERSONNAGES

Le Chevalier de Ripafratta.

Le Marquis de Forlipopoli.

Le Comte d'Albafiorita.

Mirandoline, hôtelière.

Hortense, actrice.

Déjanire, actrice.

Fabrice, garçon de l'hôtellerie.

Le Domestique du Chevalier.

Le Domestique du Comte.

*La scène se passe à Florence,
dans l'hôtellerie de Mirandoline.*

ATTO I

Scena Prima

Sala di locanda.

Il Marchese di Forlipopoli ed il Conte d'Albafiorita

MARCHESE: Fra voi e me vi è qualche differenza.

CONTE: Sulla locanda tanto vale il vostro denaro, quanto vale il mio.

MARCHESE: Ma se la locandiera usa a me delle distinzioni, mi si convengono più che a voi.

CONTE: Per qual ragione?

MARCHESE: Io sono il Marchese di Forlipopoli.

CONTE: Ed io sono il Conte d'Albafiorita.

MARCHESE: Sì, Conte! Contea comprata.

CONTE: Io ho comprata la contea, quando voi avete venduto il marchesato.

MARCHESE: Oh basta: son chi sono, e mi si deve portar rispetto.

ACTE I

Scène Première

Salle d'hôtellerie

Le Marquis, le Comte

Le Marquis. Entre vous et moi, il y a quelque différence.

Le Comte. Dans cette hôtellerie, mon argent vaut autant que le vôtre.

Le Marquis. Mais si l'hôtelière a des égards pour moi, elle me les doit bien plus qu'à vous.

Le Comte. Et pourquoi, s'il vous plaît ?

Le Marquis. Je suis, moi, le Marquis de Forlipopoli.

Le Comte. Et je suis, moi, le Comte d'Albafiorita.

Le Marquis. Oui, Comte d'Albafiorita ! Un titre acheté.

Le Comte. J'ai acheté le comté, tandis que vous avez vendu votre Marquisat.

Le Marquis. Oh ! en voilà assez. Je suis qui je suis et l'on me doit le respect.

Conte: Chi ve lo perde il rispetto? Voi siete quello, che con troppa libertà parlando...

Marchese: Io sono in questa locanda, perché amo la locandiera. Tutti lo sanno, e tutti devono rispettare una giovane che piace a me.

Conte: Oh, questa è bella! Voi mi vorreste impedire ch'io amassi Mirandolina? Perché credete ch'io sia in Firenze? Perché credete ch'io sia in questa locanda?

Marchese: Oh bene. Voi non farete niente.

Conte: Io no, e voi sì?

Marchese: Io sì, e voi no. Io son chi sono. Mirandolina ha bisogno della mia protezione.

Conte: Mirandolina ha bisogno di denari, e non di protezione.

Marchese: Denari?.. non ne mancano.

Conte: Io spendo uno zecchino il giorno, signor Marchese, e la regalo continuamente.

Marchese: Ed io quel che fo non lo dico.

Conte: Voi non lo dite, ma già si sa.

Marchese: Non si sa tutto.

Conte: Sì! caro signor Marchese, si sa. I camerieri lo dicono. Tre paoletti il giorno.

Le Comte. Et qui vous manque de respect ? C'est vous qui, parlant avec trop de liberté...

Le Marquis. Je suis dans cette hôtellerie parce que j'aime la patronne. Tout le monde le sait et tout le monde doit respecter une jeune fille qui me plaît.

Le Comte. Ah ! elle est bien bonne ! Vous voudriez m'empêcher d'aimer Mirandoline ? Pourquoi croyez-vous donc que je sois à Florence ? Pourquoi croyez-vous que je demeure dans cette hôtellerie ?

Le Marquis. Fort bien ! Vous n'arriverez à rien.

Le Comte. J'échouerai, moi, et, vous, vous réussirez ?

Le Marquis. C'est bien cela. Je suis qui je suis. Mirandoline a besoin de ma protection.

Le Comte. Mirandoline a besoin d'argent et non de protection.

Le Marquis. De l'argent ?.. Je n'en manque pas.

Le Comte. Moi, je dépense un sequin par jour, Monsieur le Marquis, et je lui fais continuellement des cadeaux.

Le Marquis. Et, moi, ce que je fais, je ne le dis pas.

Le Comte. Vous ne le dites pas, mais on le sait bien.

Le Marquis. On ne sait pas tout.

Le Comte. Si fait, mon cher Marquis, on le sait ; les domestiques le racontent : vous dépensez trois petits *paoli* par jour.

MARCHESE: A proposito di camerieri; vi è quel cameriere che ha nome Fabrizio, mi piace poco. Parmi che la locandiera lo guardi assai di buon occhio.

CONTE: Può essere che lo voglia sposare. Non sarebbe cosa mal fatta. Sono sei mesi che è morto il di lei padre. Sola una giovane alla testa di una locanda si troverà imbrogliata. Per me, se si marita, le ho promesso trecento scudi.

MARCHESE: Se si mariterà, io sono il suo protettore, e farò io... E so io quello che farò.

CONTE: Venite qui: facciamola da buoni amici. Diamole trecento scudi per uno.

MARCHESE: Quel ch'io faccio, lo faccio segretamente, e non me ne vanto. Son chi sono. *(Chiama.)* Chi è di là?

CONTE *(da sé)*: Spiantato! Povero e superbo!

01:52

Le Marquis. À propos de domestiques, celui qui s'appelle Fabrice ne me plaît guère : il me semble que sa patronne le regarde d'un très bon œil.

Le Comte. Elle veut peut-être l'épouser. Ce ne serait pas mal imaginé. Voilà six mois qu'elle a perdu son père. Une jeune fille seule à la tête d'une hôtellerie peut se trouver dans l'embarras. Pour mon compte, je lui ai promis trois cents écus, si elle se marie.

Le Marquis. Je suis son protecteur et, si elle se marie, je ferai, moi... Je sais ce que je ferai.

Le Comte. Allons, agissons en bons amis de Mirandoline. Donnons-lui chacun trois cents écus.

Le Marquis. Ce que je fais, je le fais secrètement et je ne m'en vante pas. Je suis qui je suis. *(Il appelle.)* Holà ! quelqu'un.

Le Comte, *à part*. Ruiné, pauvre et orgueilleux !

Scena Seconda

Fabrizio e detti

Fabrizio *(al Marchese)*: Mi comandi, signore.

Marchese: Signore? Chi ti ha insegnato la creanza?

Fabrizio: La perdoni.

Conte *(a Fabrizio)*: Ditemi: come sta la padroncina?

Fabrizio: Sta bene, illustrissimo.

Marchese: È alzata dal letto?

Fabrizio: Illustrissimo sì.

Marchese: Asino.

Fabrizio: Perché, illustrissimo signore?

Marchese: Che cos'è questo illustrissimo?

Fabrizio: È il titolo che ho dato anche a quell'altro Cavaliere.

Marchese: Tra lui e me vi è qualche differenza.

Conte *(a Fabrizio)*: Sentite?

Scène II

Les mêmes, Fabrice

Fabrice, *au* Marquis. Que désire Monsieur ?

Le Marquis. Monsieur ? Qui t'a appris la politesse ?

Fabrice. Que Monsieur veuille bien me pardonner.

Le Comte, *à* Fabrice. Dites-moi : comment se porte la petite patronne ?

Fabrice. Elle va bien, Illustrissime Seigneurie.

Le Marquis. Est-elle levée ?

Fabrice. Oui, Illustrissime Seigneurie.

Le Marquis. Idiot !

Fabrice. Pourquoi, Illustrissime Seigneurie ?

Le Marquis. Que signifie cet « Illustrissime Seigneurie » ?

Fabrice. C'est le titre que j'ai donné également à cet autre gentilhomme.

Le Marquis. Entre lui et moi, il y a quelque différence.

Le Comte, *à* Fabrice. Vous entendez ?

FABRIZIO *(piano al Conte.)*: Dice la verita. Ci è differenza: me ne accorgo nei conti.

MARCHESE: Di' alla padrona che venga da me, che le ho da parlare.

FABRIZIO: Eccellenza sì. Ho fallato questa volta?

MARCHESE: Va bene. Sono tre mesi che lo sai; ma sei un impertinente.

FABRIZIO: Come comanda, Eccellenza.

CONTE: Vuoi vedere la differenza che passa fra il Marchese e me?

MARCHESE: Che vorreste dire?

CONTE: Tieni. Ti dono uno zecchino. Fa che anch'egli te ne doni un altro.

FABRIZIO *(al Conte)*: Grazie, illustrissimo. *(Al Marchese.)* Eccellenza...

MARCHESE: Non getto il mio, come i pazzi. Vattene.

FABRIZIO *(al Conte)*: Illustrissimo signore, il cielo la benedica. Eccellenza. *(Da sé.)* (Rifinito. Fuor del suo paese non vogliono esser titoli per farsi stimare, vogliono esser quattrini.) *(Parte.)*

FABRICE, *bas au* COMTE. Il dit vrai. Il y a une différence : je m'en aperçois bien à la dépense.

LE MARQUIS. Dis à la patronne de venir me trouver. J'ai à lui parler.

FABRICE. Oui, Excellence. Je ne me suis pas trompé cette fois.

LE MARQUIS. C'est très bien. Il y a trois mois que tu le sais, mais tu es un impertinent.

FABRICE. Comme voudra Son Excellence.

LE COMTE. Veux-tu voir la différence qu'il y a entre le Marquis et moi ?

LE MARQUIS. Que voulez-vous dire ?

LE COMTE. Tiens ! voilà un sequin pour toi. Fais en sorte que le Marquis t'en donne un autre.

FABRICE, *au* COMTE. Je remercie Votre Illustrissime Seigneurie. *(Au* MARQUIS.*)* Excellence…

LE MARQUIS. Je ne jette pas mon argent par les fenêtres, comme les fous. Va-t'en.

FABRICE, *au* COMTE. Que le ciel bénisse Votre Illustrissime Seigneurie. *(Au* MARQUIS.*)* Excellence… *(À part.)* Pané, va ! Loin de son pays, ce n'est pas un titre de Marquis qui vous fait estimer, c'est l'argent. *(Il sort.)*

Scena Terza

Il Marchese ed il Conte.

Marchese: Voi credete di soverchiarmi con i regali, ma non farete niente. Il mio grado val più di tutte le vostre monete.

Conte: Io non apprezzo quel che vale, ma quello che si può spendere.

Marchese: Spendete pure a rotta di collo. Mirandolina non fa stima di voi.

Conte: Con tutta la vostra gran nobiltà, credete voi di essere da lei stimato? Vogliono esser denari.

Marchese: Che denari? Vuol esser protezione. Esser buono in un incontro di far un piacere.

Conte: Sì, esser buono in un incontro di prestar cento doppie.

Marchese: Farsi portar rispetto bisogna.

Conte: Quando non mancano denari, tutti rispettano.

Marchese: Voi non sapete quel che vi dite.

Conte: L'intendo meglio di voi.

Scène III

Le Marquis, le Comte

Le Marquis. Vous croyez me damer le pion avec vos cadeaux ; mais vous n'arriverez à rien. Mon titre vaut mieux que tout votre argent.

Le Comte. Moi, je n'apprécie pas ce qui n'a qu'une valeur théorique ; j'apprécie ce qui peut être dépensé.

Le Marquis. Ruinez-vous donc, si cela vous plaît. Mirandoline ne vous accorde aucune importance.

Le Comte. Croyez-vous qu'elle fasse cas de vous, malgré toute votre grande noblesse ? C'est de l'argent qu'il faut.

Le Marquis. De l'argent ? C'est de l'influence qu'il faut ; c'est pouvoir à l'occasion rendre un service.

Le Comte. Oui, être bon, par exemple, à prêter cent pistoles en cas de besoin.

Le Marquis. Il faut se faire respecter.

Le Comte. Quand on a de l'argent, tout le monde vous respecte.

Le Marquis. Vous ne savez pas ce que vous dites.

Le Comte. Je le sais mieux que vous.

Scena Quarta

Il Cavaliere di Ripafratta dalla sua camera, e detti.

Cavaliere: Amici, che cos'è questo romore? Vi è qualche dissensione fra di voi altri?

Conte: Si disputava sopra un bellissimo punto.

Marchese *(ironico)*: Il Conte disputa meco sul merito della nobiltà.

Conte: Io non levo il merito alla nobiltà: ma sostengo, che per cavarsi dei capricci, vogliono esser denari.

Cavaliere: Veramente, Marchese mio...

Marchese: Orsù, parliamo d'altro.

Cavaliere: Perché siete venuti a simil contesa?

Conte: Per un motivo il più ridicolo della terra.

Marchese: Sì, bravo! il Conte mette tutto in ridicolo.

Scène IV

Les mêmes, Le Chevalier (sortant de sa chambre)

Le Chevalier. Eh ! mes amis, quel est ce bruit ? Y a-t-il quelque sujet de discorde entre vous ?

Le Comte. Nous discutions sur un sujet admirable.

Le Marquis, *ironiquement.* Le Comte discute avec moi sur le mérite de la noblesse.

Le Comte. Je ne nie point l'avantage d'être noble ; niais je soutiens que, pour pouvoir satisfaire ses fantaisies, il faut être riche.

Le Chevalier. Vraiment, mon cher Marquis...

Le Marquis. C'est bien, parlons d'autre chose.

Le Chevalier. Comment en êtes-vous venus à pareille discussion ?

Le Comte. Pour le motif le plus ridicule du monde.

Le Marquis. Oui, bravo ! Le Comte tourne tout en ridicule.

CONTE: Il signor Marchese ama la nostra locandiera. Io l'amo ancor più di lui. Egli pretende corrispondenza, come un tributo alla sua nobiltà. Io la spero, come una ricompensa alle mie attenzioni. Pare a voi che la questione non sia ridicola?

MARCHESE: Bisogna sapere con quanto impegno io la proteggo.

CONTE *(al Cavaliere)*: Egli la protegge, ed io spendo.

CAVALIERE: In verità non si può contendere per ragione alcuna che io meriti meno. Una donna vi altera? vi scompone? Una donna? che cosa mai mi convien sentire? Una donna? Io certamente non vi è pericolo che per le donne abbia che dir con nessuno. Non le ho mai amate, non le ho mai stimate, e ho sempre creduto che sia la donna per l'uomo una infermità insopportabile.

MARCHESE: In quanto a questo poi, Mirandolina ha un merito estraordinario.

CONTE: Sin qua il signor Marchese ha ragione. La nostra padroncina della locanda è veramente amabile.

MARCHESE: Quando l'amo io, potete credere che in lei vi sia qualche cosa di grande.

CAVALIERE: In verità mi fate ridere. Che mai può avere di stravagante costei, che non sia comune all'altre donne?

Le Comte. Monsieur le Marquis aime notre hôtelière ; je l'aime encore plus que lui. Il prétend que Mirandoline doit l'aimer pour rendre hommage à sa haute naissance ; moi, j'espère obtenir son affection comme récompense de mes attentions pour elle. Ne vous semble-t-il pas que pareil sujet de discussion est ridicule ?

Le Marquis, *au* Chevalier. Il faut savoir avec quel dévouement je la protège.

Le Comte. Il la protège et, moi, je dépense mon argent.

Le Chevalier. Vraiment, il n'est pas possible de discuter pour un motif aussi futile. Comment, vous vous mettez en colère, vous vous mettez la tête à l'envers pour une femme ? Pour une femme ! Que faut-il que j'entende ! Pour une femme. Il n'y a pas de danger, certes, que j'aie une discussion au sujet des femmes. Jamais je ne les ai aimées, je ne les ai jamais estimées, et j'ai toujours cru que la femme était pour l'homme une infirmité insupportable.

Le Marquis. Oh ! mais Mirandoline a un mérite extraordinaire.

Le Comte. Jusque-là le Marquis a raison, notre petite patronne est vraiment aimable.

Le Marquis. Puisque je l'aime, moi, vous pouvez croire qu'il y a en elle quelque chose de remarquable.

Le Chevalier. Vraiment, vous me faites rire. Que diable peut-elle donc avoir de si extraordinaire, que n'aient pas les autres femmes ?

MARCHESE: Ha un tratto nobile, che incatena.

CONTE: È bella, parla bene, veste con pulizia, è di un ottimo gusto.

CAVALIERE: Tutte cose che non vagliono un fico. Sono tre giorni ch'io sono in questa locanda, e non mi ha fatto specie veruna.

CONTE: Guardatela, e forse ci troverete del buono.

CAVALIERE: Eh, pazzia! L'ho veduta benissimo. È una donna come l'altre.

MARCHESE: Non è come l'altre, ha qualche cosa di più. Io che ho praticate le prime dame, non ho trovato una donna che sappia unire, come questa, la gentilezza e il decoro.

CONTE: Cospetto di bacco! Io son sempre stato solito trattar donne: ne conosco li difetti ed il loro debole. Pure con costei, non ostante il mio lungo corteggio e le tante spese per essa fatte, non ho potuto toccarle un dito.

CAVALIERE: Arte, arte sopraffina. Poveri gonzi! Le credete, eh? A me non la farebbe. Donne? Alla larga tutte quante elle sono.

CONTE: Non siete mai stato innamorato?

Le Marquis. Elle a des manières distinguées qui enchantent.

Le Comte. Elle est belle ; elle s'exprime bien ; elle s'habille avec élégance ; elle a un goût exquis.

Le Chevalier. Tout cela ne vaut pas une pomme. Voilà trois jours que je suis dans cette hôtellerie, et Mirandoline ne m'a fait aucune impression.

Le Comte. Regardez-la bien et peut-être trouverez-vous en elle quelque chose de beau.

Le Chevalier. Quelle folie ! je l'ai très bien vue ; c'est une femme comme les autres.

Le Marquis. Elle n'est pas comme les autres ; elle a quelque chose de plus. Moi, qui ai fréquenté les plus grandes dames, je n'en ai jamais trouvé une qui sache, comme elle, unir la grâce à la dignité.

Le Comte. Corbleu ! J'ai toujours fréquenté les femmes ; je connais leurs défauts et leurs faiblesses. Eh bien ! malgré mes patientes assiduités et toutes les dépenses que j'ai faites pour Mirandoline, je n'ai pas encore pu lui toucher le bout des doigts.

Le Chevalier. Ruse, ruse raffinée de sa part ! Pauvres naïfs ! vous croyez donc aux femmes, vous autres : elles ne m'en feraient pas accroire à moi. Les femmes ! Les femmes ! Passez au large toutes tant que vous êtes.

Le Comte. Vous n'avez jamais été amoureux ?

CAVALIERE: Mai, né mai lo sarò. Hanno fatto il diavolo per darmi moglie, né mai l'ho voluta.

MARCHESE: Ma siete unico della vostra casa: non volete pensare alla successione?

CAVALIERE: Ci ho pensato più volte ma quando considero che per aver figliuoli mi converrebbe soffrire una donna, mi passa subito la volontà.

CONTE: Che volete voi fare delle vostre ricchezze?

CAVALIERE: Godermi quel poco che ho con i miei amici.

MARCHESE: Bravo, Cavaliere, bravo; ci goderemo.

CONTE: E alle donne non volete dar nulla?

CAVALIERE: Niente affatto. A me non ne mangiano sicuramente.

CONTE: Ecco la nostra padrona. Guardatela, se non è adorabile.

CAVALIERE: Oh la bella cosa! Per me stimo più di lei quattro volte un bravo cane da caccia.

MARCHESE: Se non la stimate voi, la stimo io.

CAVALIERE: Ve la lascio, se fosse più bella di Venere.

Le Chevalier. Jamais, et ne le serai jamais. On a fait le diable pour me marier, mais je n'ai jamais voulu.

Le Marquis. Vous restez cependant seul de votre famille : vous ne voulez donc pas perpétuer votre nom ?

Le Chevalier. J'y ai souvent pensé ; mais quand je considère que pour avoir des enfants il me faudrait supporter une femme, l'envie m'en passe aussitôt.

Le Comte. Que ferez-vous de votre fortune ?

Le Chevalier. Jouir du peu que j'ai avec mes amis.

Le Marquis. Bravo, Chevalier, bravo, nous en jouir !

Le Comte. Et aux femmes, vous ne voulez rien leur donner ?

Le Chevalier. Absolument rien. Sûrement, elles ne me ruineront pas.

Le Comte. Voici la patronne ! Regardez-la ; n'est-elle pas adorable ?

Le Chevalier. Oh ! la belle affaire. Pour moi, je lui préfère mille fois un bon chien de chasse.

Le Marquis. Si vous ne l'appréciez pas, je l'apprécie, moi !

Le Chevalier. Je vous l'abandonne, fut-elle encore plus belle que Vénus.

Scena Quinta

Mirandolina e detti.

MIRANDOLINA: M'inchino a questi cavalieri. Chi mi domanda di lor signori?

MARCHESE: Io vi domando, ma non qui.

MIRANDOLINA: Dove mi vuole, Eccellenza?

MARCHESE: Nella mia camera.

MIRANDOLINA: Nella sua camera? Se ha bisogno di qualche cosa verrà il cameriere a servirla.

MARCHESE *(al Cavaliere)*: Che dite di quel contegno?

CAVALIERE *(al Marchese)*: Quello che voi chiamate contegno, io lo chiamerei temerità, impertinenza.

CONTE: Cara Mirandolina, io vi parlerò in pubblico, non vi darò l'incomodo di venire nella mia camera. Osservate questi orecchini. Vi piacciono?

MIRANDOLINA: Belli.

Scène V

Les mêmes, Mirandoline

Mirandoline. Je fais ma révérence à Leurs Seigneuries. Quel est celui de vous qui me demande ?

Le Marquis. C'est moi qui vous demande, mais pas ici.

Mirandoline. Où Son Excellence désire-t-elle que je me rende ?

Le Marquis. Dans ma chambre.

Mirandoline. Dans la chambre de Votre Excellence ? Si Son Excellence a besoin de quelque chose, le garçon viendra la servir.

Le Marquis, *au* Chevalier. Que dites-vous de cette réserve ?

Le Chevalier, *au* Marquis. Ce que vous appelez réserve, moi, je l'appellerais hardiesse, impertinence.

Le Comte. Ma chère Mirandoline, je vous parlerai en public, moi ; je ne vous donnerai pas l'ennui de venir dans ma chambre. Regardez ces boucles d'oreilles. Vous plaisent-elles ?

Mirandoline. Elles sont belles.

CONTE: Sono diamanti, sapete?

MIRANDOLINA: Oh, li Conosco. Me ne intendo anch'io dei diamanti.

CONTE: E sono al vostro comando.

CAVALIERE *(piano al Conte)*: Caro amico, voi li buttate via.

MIRANDOLINA: Perché mi vuol ella donare quegli orecchini?

MARCHESE: Veramente sarebbe un gran regalo! Ella ne ha de' più belli al doppio.

CONTE: Questi sono legati alla moda. Vi prego riceverli per amor mio.

CAVALIERE *(da sé)*: Oh che pazzo!

MIRANDOLINA: No, davvero, signore...

CONTE: Se non li prendete, mi disgustate.

MIRANDOLINA: Non so che dire... mi preme tenermi amici gli avventori della mia locanda. Per non disgustare il signor Conte, li prenderò.

CAVALIERE *(da sé)*: Oh che forca!

CONTE *(al Cavaliere)*: Che dite di quella prontezza di spirito?

CAVALIERE *(al Conte)*: Bella prontezza! Ve li mangia, e non vi ringrazia nemmeno.

Le Comte. Ce sont des diamants, savez-vous ?

Mirandoline. Oh ! je connais les diamants. Je m'y entends, moi aussi.

Le Comte. Ces boucles d'oreilles sont à votre disposition.

Le Chevalier, *bas au* Comte. C'est comme si vous les jetiez dans la rue, mon cher ami.

Mirandoline. Pourquoi Votre Seigneurie veut-elle me donner ces boucles d'oreilles ?

Le Marquis. Vraiment, le beau cadeau ! Elle en a qui sont deux fois plus belles.

Le Comte. Celles-ci sont montées à la dernière mode. Je vous prie de les accepter pour me faire plaisir.

Le Chevalier, *à part.* Quel fou !

Mirandoline. Non, vraiment, Monsieur le Comte...

Le Comte. Si vous les refusez, vous me ferez de la peine.

Mirandoline. Je ne sais que répondre... Il m'importe de conserver l'amitié de mes clients. Pour ne pas faire de la peine à Monsieur le Comte, je les accepte.

Le Chevalier, *à part.* Oh ! la friponne.

Le Comte, *au* Chevalier. Que dites-vous de cette vivacité d'esprit ?

Le Chevalier, *à part.* Belle vivacité ! Elle vous dépouille les gens et ne les remercie même pas.

MARCHESE: Veramente, signor Conte, vi siete acquistato gran merito. Regalare una donna in pubblico, per vanità! Mirandolina, vi ho da parlare a quattr'occhi, fra voi e me: son Cavaliere.

MIRANDOLINA *(da sé)*: (Che arsura! Non gliene cascano.) Se altro non mi comandano, io me n'anderò.

CAVALIERE *(con disprezzo)*: Ehi! padrona. La biancheria che mi avete dato, non mi gusta. Se non ne avete di meglio, mi provvederò.

MIRANDOLINA: Signore, ve ne sarà di meglio. Sarà servita, ma mi pare che la potrebbe chiedere con un poco di gentilezza.

CAVALIERE: Dove spendo il mio denaro, non ho bisogno di far complimenti.

CONTE *(a Mirandolina)*: Compatitelo. Egli è nemico capitale delle donne.

CAVALIERE: Eh, che non ho bisogno d'essere da lei compatito.

MIRANDOLINA: Povere donne! che cosa le hanno fatto? Perché così crudele con noi, signor Cavaliere?

CAVALIERE: Basta così. Con me non vi prendete maggior confidenza. Cambiatemi la biancheria. La manderò a prender pel servitore. Amici, vi sono schiavo. *(Parte.)*

Le Marquis. Vraiment, Monsieur le Comte, vous vous êtes acquis un grand mérite. Faire un cadeau à une femme en public, par vanité ! Mirandoline, j'ai à vous parler en particulier, de vous à moi : je suis gentilhomme.

Mirandoline, *à part.* Quelle ardeur ! Quelle audace ! *(Haut.)* Si Vos Seigneuries n'ont plus rien autre à me commander, je vais me retirer.

Le Chevalier, *sur un ton de mépris.* Hé ! la patronne. Le linge que vous m'avez donné ne me plaît pas. Si vous n'en avez pas de meilleur, je me pourvoirai.

Mirandoline. Monsieur recevra satisfaction ; Monsieur en aura de meilleur ; mais il me semble que Monsieur pourrait le demander sur un ton plus aimable.

Le Chevalier. Quand on paie, les compliments sont inutiles.

Le Comte, *à Mirandoline.* Plaignez-le : il est ennemi juré des femmes.

Le Chevalier. Mais je n'ai pas besoin qu'elle me plaigne !

Mirandoline. Pauvres femmes ! Qu'ont-elles pu faire à Monsieur ? Pourquoi être si cruel envers nous, Monsieur le Chevalier ?

Le Chevalier. En voilà assez ! Ne prenez pas de familiarités avec moi. Donnez-moi d'autre linge ; je l'enverrai prendre par mon domestique. Chers amis, je suis votre serviteur. *(Il sort.)*

Scena Sesta

Il Marchese, il Conte e Mirandolina.

Mirandolina: Che uomo salvatico! Non ho veduto il compagno.

Conte: Cara Mirandolina, tutti non conoscono il vostro merito.

Mirandolina: In verità, son cosi stomacata del suo mal procedere, che or ora lo licenzio a dirittura.

Marchese: Sì; e se non vuol andarsene, ditelo a me, che lo farò partire immediatamente. Fate pur uso della mia protezione.

Conte: E per il denaro che aveste a perdere, io supplirò e pagherò tutto. *(Piano a Mirandolina.)* Sentite, mandate via anche il Marchese, che pagherò io.

Mirandolina: Grazie, signori miei, grazie. Ho tanto spirito che basta, per dire ad un forestiere ch'io non lo voglio, e circa all'utile, la mia locanda non ha mai camere in ozio.

Scène VI

Le Marquis, le Comte, Mirandoline

Mirandoline. Quel sauvage ! Je n'ai pas encore vu son pareil.

Le Comte. Chère Mirandoline, tout le monde ne connaît pas votre mérite.

Mirandoline. Je suis tellement outrée de sa grossièreté que je vais le renvoyer immédiatement.

Le Marquis. C'est cela et, s'il ne veut pas s'en aller, dites-le moi, je le ferai filer sur-le-champ. Usez donc de ma protection.

Le Comte. Et quant à l'argent que vous pourrez perdre, j'y suppléerai et je paierai tout. *(Bas à Mirandoline.)* Écoutez, renvoyez aussi le Marquis et je vous indemniserai encore pour cela.

Mirandoline. Je remercie beaucoup ces messieurs. J'ai assez d'énergie pour dire à un étranger que je ne le veux pas chez moi ; et, quant au profit, mon hôtellerie n'a jamais de chambre inoccupée.

Scena Settima

Fabrizio e detti.

Fabrizio *(al Conte)*: Illustrissimo, c'è uno che la domanda.

Conte: Sai chi sia?

Fabrizio: Credo ch'egli sia un legatore di gioje. *(Piano a Mirandolina.)* Mirandolina, giudizio; qui non istate bene. *(E parte.)*

Conte: Oh sì, mi ha da mostrare un gioiello. Mirandolina, quegli orecchini, voglio che li accompagniamo.

Mirandolina: Eh no, signor Conte...

Conte: Voi meritate molto, ed io i denari non li stimo niente. Vado a vedere questo gioiello. Addio, Mirandolina; signor Marchese, la riverisco! *(Parte.)*

Scène VII

Les mêmes, Fabrice

Fabrice, *au* Comte. Il y a là quelqu'un qui demande Votre Seigneurie.

Le Comte. Sais-tu qui c'est ?

Fabrice. Je crois que c'est un joaillier. *(Bas à Mirandoline.)* Mirandoline, prenez garde ! Ce n'est pas ici votre place. *(Il sort.)*

Le Comte. Oui, je sais, il doit me montrer un bijou. Mirandoline, je veux donner un complément à ces boucles d'oreilles.

Mirandoline. Mais non, Monsieur le Comte...

Le Comte. Que ne méritez-vous pas ! Et, moi, j'attache si peu de prix à l'argent. Je vais voir ce bijou. Adieu, Mirandoline ; Monsieur le Marquis, j'ai l'honneur de vous saluer. *(Il sort.)*

Scena Ottava

Il Marchese e Mirandolina.

Marchese *(da sé)*: (Maledetto Conte! Con questi suoi denari mi ammazza.)

Mirandolina: In verità il signor Conte s'incomoda troppo.

Marchese: Costoro hanno quattro soldi, e li spendono per vanità, per albagia. Io li conosco, so il viver del mondo.

Mirandolina: Eh, il viver del mondo lo so ancor io.

Marchese: Pensano che le donne della vostra sorta si vincano con i regali.

Mirandolina: I regali non fanno male allo stomaco.

Marchese: Io crederei di farvi un'ingiuria, cercando di obbligarvi con i donativi.

Mirandolina: Oh, certamente il signor Marchese non mi ha ingiuriato mai.

Marchese: E tali ingiurie non ve le farò.

Scène VIII

Le Marquis, Mirandoline

Le Marquis, *à part.* Maudit Comte ! Il m'assassine avec son argent.

Mirandoline. Vraiment, Monsieur le Comte se donne trop de peine.

Le Marquis. Ces gens-là ont quatre sous et ils les dépensent par vanité, par orgueil. Je les connais bien, je connais le monde.

Mirandoline. Le monde, je le connais aussi.

Le Marquis. Il croit que l'on triomphe d'une femme comme vous, avec des cadeaux.

Mirandoline. Les cadeaux ne font pas de mal à la santé.

Le Marquis. Je croirais vous faire injure, si je cherchais à obtenir votre reconnaissance par des présents.

Mirandoline. Oh ! certes, Monsieur le Marquis ne m'a jamais fait une pareille injure.

Le Marquis. Et je ne vous en ferai jamais de cette sorte.

MIRANDOLINA: Lo credo sicurissimamente.

MARCHESE: Ma dove posso, comandatemi.

MIRANDOLINA: Bisognerebbe ch'io sapessi, in che cosa può Vostra Eccellenza.

MARCHESE: In tutto. Provatemi.

MIRANDOLINA: Ma verbigrazia, in che?

MARCHESE: Per bacco! Avete un merito che sorprende.

MIRANDOLINA: Troppe grazie, Eccellenza.

MARCHESE: Ah! direi quasi uno sproposito. Maledirei quasi la mia Eccellenza.

MIRANDOLINA: Perché, signore?

MARCHESE: Qualche volta mi auguro di essere nello stato del Conte.

MIRANDOLINA: Per ragione forse de' suoi denari?

MARCHESE: Eh! Che denari! Non li stimo un fico. Se fossi un Conte ridicolo come lui...

MIRANDOLINA: Che cosa farebbe?

MARCHESE: Cospetto del diavolo... vi sposerei. *(Parte.)*

MIRANDOLINE. J'en suis absolument persuadée.

LE MARQUIS. Mais, là où j'ai de l'influence, je suis tout à votre disposition.

MIRANDOLINE. Il faudrait d'abord savoir de quel genre d'influence dispose Votre Excellence.

LE MARQUIS. De toute espèce d'influence. Mettez-moi à l'épreuve.

MIRANDOLINE. Mais en quoi, par exemple ?

LE MARQUIS. Par ma foi, vous avez un mérite surprenant.

MIRANDOLINE. Votre Excellence est trop aimable.

LE MARQUIS. Ah ! j'étais sur .le point de dire une bêtise. J'allais maudire mon titre de Marquis.

MIRANDOLINE. Pourquoi ?

LE MARQUIS. Parfois je me souhaite d'être dans la condition du Comte.

MIRANDOLINE. À cause de son argent peut-être ?

LE MARQUIS. Eh, quoi ! son argent ! L'argent je n'en fais pas plus cas que de ceci. *(Il fait craquer l'ongle du pouce contre les dents.)* Si j'étais un simple Comte comme lui...

MIRANDOLINE. Que ferait Votre Excellence ?

LE MARQUIS. Par tous les diables... je vous épouserais. *(Il sort.)*

Scena Nona

Mirandolina *(sola)*: Uh, che mai ha detto! L'eccellentissimo signor Marchese Arsura mi sposerebbe? Eppure, se mi volesse sposare, vi sarebbe una piccola difficoltà. Io non lo vorrei. Mi piace l'arrosto, e del fumo non so che farne. Se avessi sposati tutti quelli che hanno detto volermi, oh, avrei pure tanti mariti! Quanti arrivano a questa locanda, tutti di me s'innamorano, tutti mi fanno i cascamorti; e tanti e tanti mi esibiscono di sposarmi a dirittura. E questo signor Cavaliere, rustico come un orso, mi tratta sì bruscamente? Questi è il primo forestiere capitato alla mia locanda, il quale non abbia avuto piacere di trattare con me. Non dico che tutti in un salto s'abbiano a innamorare: ma disprezzarmi così? è una cosa che mi muove la bile terribilmente. È nemico delle donne? Non le può vedere? Povero pazzo! Non avrà ancora trovato quella che sappia fare. Ma la troverà. La troverà. E chi sa che non l'abbia trovata? Con questi per l'appunto mi ci metto di picca. Quei che mi corrono dietro, presto presto mi annoiano. La nobiltà non fa per me. La ricchezza la stimo e non la stimo.

Scène IX

Mirandoline seule

Mirandoline. Ouf ! qu'ai-je entendu ? Son Excellence le Marquis l'Enflammé m'épouserait ! Et cependant il y aurait une toute petite difficulté, s'il voulait m'épouser : c'est moi qui ne voudrais pas. J'aime le rôti, mais je ne sais que faire de la fumée. Si j'avais épousé tous ceux qui disaient vouloir de moi, certes ! je ne manquerais pas de maris. Tous les hommes qui arrivent dans cette hôtellerie tombent amoureux de moi. Tous me font les yeux doux et tous, tant qu'ils sont, me proposent de m'épouser sur-le-champ. Et ce Chevalier, rustre comme un ours, me traiter avec tant de brusquerie ! C'est le premier étranger descendu dans mon hôtellerie qui n'ait pas pris plaisir à causer avec moi. Je ne dis pas que tout le monde doive tomber amoureux de moi sans crier gare ; mais me mépriser ainsi, voilà une chose qui m'échauffe terriblement la bile ! Il est l'ennemi des femmes ? Il ne peut pas les voir ? Pauvre fou ! Il n'a pas encore trouvé celle qui ait su s'y prendre. Mais il la trouvera, il la trouvera... et qui sait s'il ne l'a pas déjà trouvée ? Ce Chevalier me pique au jeu. Ceux qui me courent après m'ennuient bien vite, bien vite ; la noblesse n'est pas mon fait ; la richesse je l'estime et je ne l'estime pas.

Tutto il mio piacere consiste in vedermi servita, vagheggiata, adorata. Questa è la mia debolezza, e questa è la debolezza di quasi tutte le donne. A maritarmi non ci penso nemmeno; non ho bisogno di nessuno; vivo onestamente, e godo la mia libertà. Tratto con tutti, ma non m'innamoro mai di nessuno. Voglio burlarmi di tante caricature di amanti spasimati; e voglio usar tutta l'arte per vincere, abbattere e conquassare quei cuori barbari e duri che son nemici di noi, che siamo la miglior cosa che abbia prodotto al mondo la bella madre natura.

La Locandiera (Acte I - Scène IX)
19:03

Tout mon bonheur consiste à me voir obéie, désirée, courtisée, adorée. Voilà mon faible et celui de presque toutes les femmes. Me marier ? je n'y pense même pas. Je n'ai besoin de personne ; je vis honorablement et je jouis de ma liberté. Je cause avec tout le monde, mais je ne suis amoureuse de personne. Je veux me moquer de toutes ces caricatures d'amoureux pâmés ; je veux employer toute mon adresse à vaincre, à abattre et à broyer ces cœurs barbares et durs qui sont nos ennemis, à nous qui sommes la meilleure chose que dame Nature ait jamais produite.

Scena Decima

Fabrizio e detta.

FABRIZIO: Ehi, padrona.

MIRANDOLINA: Che cosa c'è?

FABRIZIO: Quel forestiere che è alloggiato nella camera di mezzo, grida della biancheria; dice che è ordinaria, e che non la vuole.

MIRANDOLINA: Lo so, lo so. Lo ha detto anche a me, e lo voglio servire.

FABRIZIO: Benissimo. Venitemi dunque a metter fuori la roba, che gliela possa portare.

MIRANDOLINA: Andate, andate, gliela porterò io.

FABRIZIO: Voi gliela volete portare?

MIRANDOLINA: Sì, io.

FABRIZIO: Bisogna che vi prema molto questo forestiere.

MIRANDOLINA: Tutti mi premono. Badate a voi.

Scène X

La même, Fabrice

Fabrice. Hé ! patronne.

Mirandoline. Qu'y a-t-il ?

Fabrice. Cet étranger qui occupe la chambre du milieu n'est pas content du linge ; il dit que le linge est commun et qu'il n'en veut pas.

Mirandoline. Je sais, je sais ; il me l'a dit à moi aussi et je veux le satisfaire.

Fabrice. Fort bien. Venez donc m'en donner d'autre, pour que je puisse le lui apporter.

Mirandoline. Non pas, non pas. Je le lui remettrai moi-même.

Fabrice. Vous voulez le lui apporter ?

Mirandoline. Oui, moi.

Fabrice. Il faut qu'il vous intéresse beaucoup cet étranger !

Mirandoline. Tous m'intéressent. Occupez-vous de vos affaires.

FABRIZIO *(da sé)*: (Già me n'avvedo. Non faremo niente. Ella mi lusinga; ma non faremo niente.)

MIRANDOLINA *(da sé)*: (Povero sciocco! Ha delle pretensioni. Voglio tenerlo in isperanza, perché mi serva con fedelta.)

FABRIZIO: Si è sempre costumato, che i forestieri li serva io.

MIRANDOLINA: Voi con i forestieri siete un poco troppo ruvido.

FABRIZIO: E voi siete un poco troppo gentile.

MIRANDOLINA: So quel quel che fo, non ho bisogno di correttori.

FABRIZIO: Bene, bene. Provvedetevi di cameriere.

MIRANDOLINA: Perché, signor Fabrizio? è disgustato di me?

FABRIZIO: Vi ricordate voi che cosa ha detto a noi due vostro padre, prima ch'egli morisse?

MIRANDOLINA: Sì; quando mi vorrò maritare, mi ricorderò di quel che ha detto mio padre.

FABRIZIO: Ma io son delicato di pelle, certe cose non le posso soffrire.

MIRANDOLINA: Ma che credi tu ch'io mi sia? Una frasca? Una civetta? Una pazza? Mi maraviglio di te. Che voglio fare io dei forestieri che vanno e vengono? Se il tratto bene, lo fo per mio interesse, per tener in credito la mia locanda. De' regali non ne ho bisogno. Per far all'amore?

FABRICE, *à part.* Je m'en aperçois bien. Je n'arriverai à rien. Elle me cajole, mais je n'arriverai à rien.

MIRANDOLINE, *à part.* Pauvre sot ! Il a des prétentions. Je veux lui donner de l'espoir, afin qu'il me serve avec fidélité.

FABRICE. D'habitude, c'est toujours moi qui sers les étrangers

MIRANDOLINE. Vous êtes un peu trop rude avec eux.

FABRICE. Et vous un peu trop aimable.

MIRANDOLINE. Je sais ce que j'ai à faire : je n'ai pas besoin de conseils.

FABRICE. Bien, bien. Cherchez alors un autre garçon.

MIRANDOLINE. Pourquoi, Monsieur Fabrice ? Vous êtes fâché avec moi ?

FABRICE. Vous rappelez-vous ce que votre père nous a dit, à nous deux, avant de mourir ?

MIRANDOLINE. Certes ! Quand je voudrai nie marier, je me souviendrai de ce qu'a dit mon père.

FABRICE. Mais, moi, j'ai l'épiderme sensible : il y a certaines choses que je ne peux pas souffrir.

MIRANDOLINE. Mais que crois-tu donc que je suis ? Une girouette ? Une écervelée ? Une coquette ? Vraiment, tu m'étonnes. Qu'ai-je à faire moi des étrangers qui vont et qui viennent ? Si je les accueille bien, c'est par intérêt, pour maintenir le renom de mon hôtellerie. Des cadeaux, je n'en ai pas besoin. Pour me laisser faire la cour,

Uno mi basta: e questo non mi manca; e so chi merita, e so quello che mi conviene. E quando vorrò maritarmi... mi ricorderò di mio padre. E chi mi averà servito bene, non potrà lagnarsi di me. Son grata. Conosco il merito... Ma io non son conosciuta. Basta, Fabrizio, intendetemi, se potete. *(Parte.)*

FABRIZIO *(parte)*: Chi può intenderla, è bravo davvero. Ora pare che la mi voglia, ora che la non mi voglia. Dice che non è una frasca, ma vuol far a suo modo. Non so che dire. Staremo a vedere. Ella mi piace, le voglio bene, accomoderei con essa i miei interessi per tutto il tempo di vita mia. Ah! bisognerà chiuder un occhio, e lasciar correre qualche cosa. Finalmente i forestieri vanno e vengono. Io resto sempre. Il meglio sarà sempre per me. *(Parte.)*

un seul homme me suffit et celui-là ne me manque pas. Et je sais qui me sert bien, et je sais ce qui me convient. Et quand je voudrai me marier... je me souviendrai de mon père. Et qui m'aura bien servi n'aura pas à se plaindre de moi. Je ne suis pas une ingrate ; je connais le mérite... mais on ne me connaît pas moi. Mais c'est assez, Fabrice ; comprenez-moi, si vous pouvez. *(Elle sort.)*

FABRICE. Bien malin qui peut la comprendre ! Tantôt il semble qu'elle veuille de moi, tantôt qu'elle n'en veuille pas Elle dit qu'elle n'est pas une écervelée, mais elle veut agir à sa guise. Je ne sais que penser. Nous verrons bien. Elle me plaît, je l'aime, je joindrais avec plaisir mes intérêts aux siens pour toute la vie. Ah ! il faudra fermer un œil et laisser passer quelque chose. En fin de compte, les étrangers vont et viennent ; moi, je reste. Je serai toujours le mieux partagé. *(Il sort.)*

Scena Undicesima

Camera del Cavaliere.

Il Cavaliere ed un Servitore.

Servitore: Illustrissimo, hanno portato questa lettera.

Cavaliere: Portami la cioccolata. *(Il Servitore parte.) (Il Cavaliere apre la lettera.)* Siena, primo Gennaio 1753. (Chi scrive?) Orazio Taccagni. Amico carissimo. La tenera amicizia che a voi mi lega, mi rende sollecito ad avvisarvi essere necessario il vostro ritorno in patria. È morto il Conte Manna... (Povero Cavaliere! Me ne dispiace.) Ha lasciato la sua unica figlia nubile erede di centocinquanta mila scudi. Tutti gli amici vostri vorrebbero che toccasse a voi una tal fortuna, e vanno maneggiando... Non s'affatichino per me, che non voglio saper nulla. Lo sanno pure ch'io non voglio donne per i piedi. E questo mio caro amico, che lo sa più d'ogni altro, mi secca peggio di tutti. *(Straccia la lettera.)* Che importa a me di centocinquanta mila scudi? Finché son solo, mi basta meno. Se fossi accompagnato, non mi basterebbe assai più. Moglie a me! Piuttosto una febbre quartana.

Scène XI

La Chambre du Chevalier

Le Chevalier, *un* Domestique

Le Domestique. On a remis cette lettre pour Votre Seigneurie.

Le Chevalier. Apporte-moi le chocolat. *(Le* Domestique *sort ; le* Chevalier *ouvre la lettre et lit.)* Sienne, 1er janvier 1753... *(À part.)* Qui peut bien m'écrire ? Horace Taccagni. *Très cher ami, la tendre affection qui m'unit à vous me fait un devoir de vous informer qu'il est nécessaire que vous reveniez dans cette ville. Le Comte Manna est mort...* (À part.) Pauvre Comte, je le regrette bien ! *Il laisse à sa fille unique, qui est en âge de se marier, un héritage de cent cinquante mille écus. Tous vos amis voudraient que cette fortune vous échût, et font des démarches...* Qu'ils ne se fatiguent pas pour moi, attendu que je ne veux rien savoir ; ils n'ignorent pas que je ne veux pas de femme dans mon existence. Et ce cher ami, qui le sait mieux que tout autre, m'ennuie plus que personne. *(Il déchire la lettre.)* Que me font à moi cent cinquante mille écus ? Tant que je suis seul, je n'ai pas besoin de pareille somme et, si j'étais marié, il m'en faudrait bien davantage. Moi, marié ! Plutôt attraper une bonne fièvre quarte !

Scena Dodicesima

Il Marchese e detto.

Marchese: Amico, vi contentate ch'io venga a stare un poco con voi?

Cavaliere: Mi fate onore.

Marchese: Almeno fra me e voi possiamo trattarci con confidenza; ma quel somaro del Conte non è degno di stare in conversazione con noi.

Cavaliere: Caro Marchese, compatitemi; rispettate gli altri, se volete essere rispettato voi pure.

Marchese: Sapete il mio naturale. Io fo le cortesie a tutti, ma colui non lo posso soffrire.

Cavaliere: Non lo potete soffrire, perché vi è rivale in amore! Vergogna! Un cavaliere della vostra sorta innamorarsi d'una locandiera! Un uomo savio, come siete voi, correr dietro a una donna!

Marchese: Cavaliere mio, costei mi ha stregato.

Scène XII

Le même, le Marquis

Le Marquis. Mon ami, permettez-vous que je vienne passer un moment avec vous ?

Le Chevalier. Très honoré !

Le Marquis. Vous et moi au moins, nous pouvons causer en confiance ; mais cet imbécile de Comte n'est pas digne de se mêler à nos entretiens.

Le Chevalier. Permettez, mon cher Marquis ; si vous voulez qu'on vous respecte, respectez donc les autres.

Le Marquis. Vous connaissez mon caractère. Je suis aimable avec tout le monde ; mais cet homme-là je ne peux pas le souffrir.

Le Chevalier. Vous ne pouvez pas le souffrir parce qu'il est votre rival en amour. Ah, fi ! un gentilhomme de votre qualité tomber amoureux d'une hôtelière. Un homme sage comme vous l'êtes courir après une femme !

Le Marquis. Mon cher Chevalier, elle m'a ensorcelé !

CAVALIERE: Oh! pazzie! debolezze! Che stregamenti! Che vuol dire che le donne non mi stregheranno? Le loro fattucchierie consistono nei loro vezzi, nelle loro lusinghe, e chi ne sta lontano, come fo io, non ci è pericolo che si lasci ammaliare.

MARCHESE: Basta! ci penso e non ci penso: quel che mi dà fastidio e che m'inquieta, è il mio fattor di campagna.

CAVALIERE: Vi ha fatto qualche porcheria?

MARCHESE: Mi ha mancato di parola.

Le Chevalier. Folie, faiblesse que tout cela ! Ensorcelé ! Pourquoi les femmes ne m'ensorcellent-elles pas, moi ? Leurs sortilèges ce sont leurs grâces, leurs câlineries. Qui se tient éloigné d'elles, comme moi, ne court aucun risque d'en subir le charme.

Le Marquis. Assez sur ce sujet ; il me préoccupe sans me préoccuper. Ce qui m'ennuie et m'inquiète, en ce moment, c'est mon fermier.

Le Chevalier. Il vous a fait quelque sottise ?

Le Marquis. Il m'a manqué de parole.

Scena Tredicesima

Il Servitore con una cioccolata e detti.

Cavaliere: Oh mi dispiace... *(Al Servitore.)* Fanne subito un'altra.

Servitore: In casa per oggi non ce n'è altra, illustrissimo.

Cavaliere: Bisogna che ne provveda. *(Al Marchese.)* Se vi degnate di questa...

MARCHESE *(prende la cioccolata, e si mette a berla senza complimenti, seguitando poi a discorrere e bere)*: Questo mio fattore, come io vi diceva... *(Beve.)*

Cavaliere *(da sé)*: (Ed io resterò senza.)

Marchese: Mi aveva promesso mandarmi con l'ordinario... *(Beve.)* venti zecchini... *(Beve.)*

Cavaliere *(da sé)*: (Ora viene con una seconda stoccata.)

Marchese: E non me li ha mandati... *(Beve.)*

Cavaliere: Li manderà un'altra volta.

Marchese: Il punto sta... il punto sta... *(Finisce di bere.)* Tenete. *(Dà la chicchera al Servitore.)* Il punto sta che sono in un grande impegno, e non so come fare.

Scène XIII

Les mêmes, le Domestique *avec une tasse de chocolat*

Le Chevalier, *au* Marquis. Ok ! j'en suis fâché ! ... *(Au* Domestique.*)* Apporte tout de suite une autre tasse de chocolat.

Le Domestique. C'est qu'il n'y en a pas d'autre.

Le Chevalier. Il faut qu'on s'en procure. *(Au* Marquis.*)* Si vous voulez bien accepter celle-ci...

Le Marquis. *(Il prend le chocolat, commence à le boire sans façon et continue ensuite à causer et à boire comme ci-dessous.)* Ainsi que je vous le disais, mon fermier... *(Il boit.)*

Le Chevalier, *à part.* Et moi je me passerai de chocolat.

Le Marquis. ... m'avait promis de m'envoyer parle courrier... *(Il boit.)*... vingt sequins... *(Il boit.)*

Le Chevalier, *à part.* Il va me porter un deuxième assaut.

Le Marquis. ... et il ne me les a pas envoyés... *(Il boit.)*

Le Chevalier. Il vous les enverra une autre fois.

Le Marquis. C'est que... c'est que... *(Il achève de boire.)* *(Au* Domestique.*)* Prenez. *(Il lui donne la tasse.)* C'est que... je suis dans un grand embarras, et je ne sais comment faire.

CAVALIERE: Otto giorni più, otto giorni meno...

MARCHESE: Ma voi che siete Cavaliere, sapete quel che vuol dire il mantener la parola. Sono in impegno; e... corpo di bacco! Darei della pugna in cielo.

CAVALIERE: Mi dispiace di vedervi scontento. *(Da sé.)* *(*Se sapessi come uscirne con riputazione!)

MARCHESE: Voi avreste difficoltà per otto giorni di farmi il piacere?

CAVALIERE: Caro Marchese, se potessi, vi servirei di cuore; se ne avessi, ve li avrei esibiti a dirittura. Ne aspetto, e non ne ho.

MARCHESE: Non mi darete ad intendere d'esser senza denari.

CAVALIERE: Osservate. Ecco tutta la mia ricchezza. Non arrivano a due zecchini. *(Mostra uno zecchino e varie monete.)*

MARCHESE: Quello è uno zecchino d'oro.

CAVALIERE: Sì; l'ultimo, non ne ho più.

MARCHESE: Prestatemi quello, che vedrò intanto...

CAVALIERE: Ma io poi...

MARCHESE: Di che avete paura? Ve lo renderò.

CAVALIERE: Non so che dire; servitevi. *(Gli dà lo zecchino.)*

MARCHESE: Ho un affare di premura... amico: obbligato per ora: ci rivedremo a pranzo. *(Prende lo zecchino, e parte.)*

Le Chevalier. Huit jours de plus, huit jours de moins...

Le Marquis. Mais vous, qui êtes gentilhomme, vous savez ce que veut dire tenir sa parole. Je suis dans l'embarras, et... morbleu ! je donnerais des coups de poing au ciel !

Le Chevalier. Je suis désolé de vous voir si ennuyé. *(À part.)* Si je savais comment me tirer de là, sans être impoli...

Le Marquis. Pourriez-vous, sans vous gêner, me faire le plaisir, pour huit jours... ?

Le Chevalier. Mon cher Marquis, si je le pouvais, ce serait de bon cœur ; si j'avais de l'argent, je vous en aurais offert tout de suite. Je n'en ai pas, mais j'en attends.

Le Marquis. Vous ne me ferez pas croire que votre bourse est vide.

Le Chevalier. Voyez : voici toute ma fortune ; elle ne s'élève pas à deux sequins. *(Il lui montre un sequin et quelques pièces de monnaie.)*

Le Marquis. C'est un sequin d'or ?

Le Chevalier. Oui, mon dernier ; je n'en ai pas d'autre.

Le Marquis. Prêtez-le moi ; je verrai en attendant...

Le Chevalier. Et moi alors...

Le Marquis. Que craignez-vous ? Je vous le rendrai.

Le Chevalier. Je ne sais que vous répondre ; prenez-le. *(Il lui donne le sequin.)*

Le Marquis. J'ai une affaire urgent, cher ami. Je vous suis très obligé ; nous nous reverrons à dîner. *(Il prend le sequin et sort.)*

Scena Quattordicesima

Cavaliere *(solo)*: Bravo! Il signor Marchese mi voleva frecciare venti zecchini, e poi si è contentato di uno. Finalmente uno zecchino non mi preme di perderlo, e se non me lo rende, non mi verrà più a seccare. Mi dispiace più, che mi ha bevuto la mia cioccolata. Che indiscretezza! E poi: Son chi sono. Son Cavaliere. Oh garbatissimo Cavaliere!

Scène XIV

Le Chevalier

Le Chevalier. Bravo ! Le Marquis voulait me soutirer vingt sequins, et finalement il s'est contenté d'un seul. Un sequin, en somme, peu m'importe de le perdre, et s'il ne me le rend pas, il ne viendra plus m'importuner. Je regrette bien davantage qu'il m'ait bu ma tasse de chocolat. Quelle indiscrétion ! Quel mauvais genre ! Et puis : Je suis qui je suis, je suis gentilhomme. Oh ! le très distingué gentilhomme !

Scena Quindicesima

Mirandolina colla biancheria, e detto.

MIRANDOLINA *(entrando con qualche soggezione)*: Permette, illustrissimo?

CAVALIERE *(con asprezza)*: Che cosa volete?

MIRANDOLINA: Ecco qui della biancheria migliore. *(S'avanza un poco.)*

CAVALIERE: Bene. Mettetela lì. *(Accenna il tavolino.)*

MIRANDOLINA: La supplico almeno degnarsi vedere se è di suo genio.

CAVALIERE: Che roba è?

MIRANDOLINA: Le lenzuola son di rensa. *(S'avanza ancor più.)*

CAVALIERE: Rensa?

MIRANDOLINA: Sì signore, di dieci paoli al braccio. Osservi.

Scène XV

Le même, Mirandoline avec du linge sur un bras

Mirandoline, *entrant comme avec appréhension.* Votre Seigneurie me permet ?

Le Chevalier, *avec rudesse.* Que voulez-vous ?

Mirandoline, *s'avançant un peu.* Voici du linge plus fin.

Le Chevalier. C'est bien. *(Montrant un guéridon.)* Mettez-le là-dessus.

Mirandoline. Je supplie Votre Seigneurie de vouloir bien au moins voir si ce linge lui plaît ?

Le Chevalier. En quoi est-il fait ?

Mirandoline. Les draps de lit sont en toile de linon. *(Elle s'avance encore un peu.)*

Le Chevalier. En toile de linon ?

Mirandoline. Oui, Votre Seigneurie, à dix *paoli* l'aune. Regardez.

CAVALIERE: Non pretendevo tanto. Bastavami qualche cosa meglio di quel che mi avete dato.

MIRANDOLINA: Questa biancheria l'ho fatta per personaggi di merito: per quelli che la sanno conoscere; e in verità, illustrissimo, la do per esser lei, ad un altro non la darei.

CAVALIERE: Per esser lei! Solito complimento.

MIRANDOLINA: Osservi il servizio di tavola.

CAVALIERE: Oh! Queste tele di Fiandra, quando si lavano, perdono assai. Non vi è bisogno che le insudiciate per me.

MIRANDOLINA: Per un Cavaliere della sua qualità, non guardo a queste piccole cose. Di queste salviette ne ho parecchie, e le serberò per V.S. illustrissima.

CAVALIERE *(da sé)*: (Non si può però negare, che costei non sia una donna obbligante.)

MIRANDOLINA *(da sé)*: (Veramente ha una faccia burbera da non piacergli le donne.)

CAVALIERE: Date la mia biancheria al mio cameriere, o ponetela lì, in qualche luogo. Non vi è bisogno che v'incomodiate per questo.

MIRANDOLINA: Oh, io non m'incomodo mai, quando servo Cavaliere di sì alto merito.

Le Chevalier. Je n'en demandais pas tant ; il me suffisait d'avoir quelque chose de mieux que ce que vous m'aviez donné.

Mirandoline. Ce linge, je l'ai fait pour les personnes de qualité, pour les gens qui s'y connaissent ; et, en vérité, je le donne à Votre Seigneurie parce que c'est Elle à un autre je ne le donnerais pas.

Le Chevalier. À Votre Seigneurie, parce que c'est Elle ! Le compliment d'usage.

Mirandoline. Que Votre Seigneurie veuille bien regarder ce service de table.

Le Chevalier. Oh ! ces toiles de Flandre perdent beaucoup au lavage ; il n'est pas utile de les salir pour moi.

Mirandoline. Pour un gentilhomme de la qualité de Votre Seigneurie, je ne regarde pas à si peu de chose. J'ai encore quelques serviettes comme celles-ci, et je les réserverai pour Votre Seigneurie.

Le Chevalier, *à part*. Il est certain que c'est une femme obligeante.

Mirandoline, *à part*. Il a vraiment l'air d'un bourru à qui les femmes ne plaisent guère.

Le Chevalier. Donnez ce linge à mon domestique ou déposez-le ici, quelque part. Il n'est pas nécessaire que vous vous dérangiez pour cela.

Mirandoline. Oh ! ce n'est pas un dérangement pour moi que de servir un gentilhomme d'un si haut mérite !

CAVALIERE: Bene, bene, non occorr'altro. *(Da sé.)* *(*Costei vorrebbe adularmi. Donne! Tutte così.)

MIRANDOLINA: La metterò nell'arcova.

CAVALIERE *(con serietà)*: Sì, dove volete.

MIRANDOLINA *(da sé)*: (Oh! vi è del duro. Ho paura di non far niente.) *(Va a riporre la biancheria.)*

CAVALIERE *(da sé)*: (I gonzi sentono queste belle parole, credono a chi le dice, e cascano.)

MIRANDOLINA *(ritornando senza la biancheria)*: A pranzo, che cosa comanda?

CAVALIERE: Mangerò quello che vi sarà.

MIRANDOLINA: Vorrei pur sapere il suo genio. Se le piace una cosa più dell'altra, lo dica con libertà.

CAVALIERE: Se vorrò qualche cosa, lo dirò al cameriere.

MIRANDOLINA: Ma in queste cose gli uomini non hanno l'attenzione e la pazienza che abbiamo noi donne. Se le piacesse qualche intingoletto, qualche salsetta, favorisca di dirlo a me.

CAVALIERE: Vi ringrazio: ma né anche per questo verso vi riuscirà di far con me quello che avete fatto col Conte e col Marchese.

Le Chevalier. C'est bien, c'est bien : je n'ai besoin de rien autre. *(À part.)* Elle voudrait me prendre par la flatterie. Oh ! les femmes, toutes les mêmes.

Mirandoline. Je vais mettre le linge dans l'alcôve.

Le Chevalier, *d'un ton sec.* Oui, où vous voudrez.

Mirandoline, *à part.* Ah ! ce n'est pas commode ; j'ai bien peur de n'arriver à rien. *(Elle va déposer le linge.)*

Le Chevalier, *à part.* Les imbéciles écoutent ces belles paroles, croient la personne qui les dit et s'y laissent prendre.

Mirandoline, *revenant les mains vides.* Pour dîner, que désire Votre Seigneurie ?

Le Chevalier. Je mangerai ce qu'il y aura.

Mirandoline. Je voudrais pourtant connaître le goût de Monsieur. Si une chose lui plaît mieux qu'une autre, qu'il veuille bien le dire.

Le Chevalier. Si je veux quelque chose de spécial, je le dirai au garçon.

Mirandoline. Mais pour ces sortes de choses les hommes, n'ont ni l'attention ni la patience que nous avons, nous autres femmes. Si Monsieur préférait quelque bon petit ragoût, quelque bonne petite sauce, qu'il veuille bien me le dire, à moi.

Le Chevalier. Je vous remercie ; mais, même par ce moyen, vous ne réussirez pas à faire de moi ce que vous avez fait du Comte et du Marquis.

MIRANDOLINA: Che dice della debolezza di quei due cavalieri? Vengono alla locanda per alloggiare, e pretendono poi di voler fare all'amore colla locandiera. Abbiamo altro in testa noi, che dar retta alle loro ciarle. Cerchiamo di fare il nostro interesse; se diamo loro delle buone parole, lo facciamo per tenerli a bottega; e poi, io principalmente, quando vedo che si lusingano, rido come una pazza.

CAVALIERE: Brava! Mi piace la vostra sincerità.

MIRANDOLINA: Oh! non ho altro di buono, che la sincerità.

CAVALIERE: Ma però, con chi vi fa la corte, sapete fingere.

MIRANDOLINA: Io fingere? Guardimi il cielo. Domandi un poco a quei due signori che fanno gli spasimati per me, se ho mai dato loro un segno d'affetto. Se ho mai scherzato con loro in maniera che si potessero lusingare con fondamento. Non li strapazzo, perché il mio interesse non lo vuole, ma poco meno. Questi uomini effeminati non li posso vedere. Sì come abborrisco anche le donne che corrono dietro agli uomini. Vede? Io non sono una ragazza. Ho qualche annetto; non sono bella, ma ho avute delle buone occasioni; eppure non ho mai voluto maritarmi, perché stimo infinitamente la mia libertà.

CAVALIERE: Oh sì, la libertà è un gran tesoro.

MIRANDOLINA: E tanti la perdono scioccamente.

MIRANDOLINE. Que dit Monsieur de la naïveté de ces deux gentilshommes ? On vient s'installer dans une hôtellerie, et puis on a la prétention de vouloir faire la cour à la patronne. Nous avons bien autre chose en tête, que d'écouter pareilles sornettes. Nous cherchons notre intérêt et si nous donnons de bonnes paroles, c'est pour garder les gens dans notre établissement. Quand je vois qu'ils se flattent d'un vain espoir, je ris comme une petite folle.

Le Chevalier. Bravo ! J'aime votre sincérité.

Mirandoline. Oh ! la sincérité, c'est ma seule qualité.

Le Chevalier. Mais cependant, vous savez feindre avec ceux qui vous font la cour.

Mirandoline. Moi, feindre ? Que le ciel m'en préserve ! Demandez un peu à ces deux messieurs qui se pâment d'amour pour moi, si je leur ai jamais donné une marque d'affection, si j'ai jamais badiné avec eux de manière à ce qu'ils puissent avoir un motif de se monter la tête. Je ne les malmène pas, je ne les éconduis pas, parce que mon intérêt s'y oppose, mais peu s'en faut. Ces hommes efféminés, je ne peux pas les voir, de même que je déteste les femmes qui courent après les hommes. Savez-vous, je ne suis plus une enfant ; j'ai un certain âge ; je ne suis pas jolie, mais j'ai eu cependant de bonnes occasions de me marier, et pourtant je n'ai jamais voulu le faire, parce que je tiens beaucoup à ma liberté.

Le Chevalier. Oui, certes, la liberté est un grand bien.

Mirandoline. Et il y a tant de gens qui la perdent sottement.

CAVALIERE: So io ben quel che faccio. Alla larga.

MIRANDOLINA: Ha moglie V.S. illustrissima?

CAVALIERE: Il cielo me ne liberi. Non voglio donne.

MIRANDOLINA: Bravissimo. Si conservi sempre così. Le donne, signore... Basta, a me non tocca a dirne male.

CAVALIERE: Voi siete per altro la prima donna, ch'io senta parlar così.

MIRANDOLINA: Le dirò: noi altre locandiere vediamo e sentiamo delle cose assai; e in verità compatisco quegli uomini, che hanno paura del nostro sesso.

CAVALIERE *(da sé)*: (È curiosa costei.)

MIRANDOLINA: Con permissione di V.S. illustrissima. *(Finge voler partire.)*

CAVALIERE: Avete premura di partire?

MIRANDOLINA: Non vorrei esserle importuna.

CAVALIERE: No, mi fate piacere; mi divertite.

MIRANDOLINA: Vede, signore? Così fo con gli altri. Mi trattengo qualche momento; sono piuttosto allegra, dico delle barzellette per divertirli, ed essi subito credono... Se la m'intende, e' mi fanno i cascamorti.

La Locandiera (Acte I - Scène XV)

34:07

Le Chevalier. Je sais bien ce que je fais moi : je fuis le danger.

Mirandoline. Votre Seigneurie est-elle mariée ?

Le Chevalier. Que le ciel m'en préserve. Je ne veux pas de femme.

Mirandoline. Très bien, très bien ! Que Monsieur reste toujours ainsi. Les femmes, savez-vous... Mais c'est assez parler : ce n'est pas à moi d'en dire du mal.

Le Chevalier. Vous êtes, d'ailleurs, la première femme que j'entends parler ainsi.

Mirandoline. Je vais dire à Monsieur : nous autres hôtelières, nous voyons et nous entendons bien des choses ; et, en vérité, je ne donne pas tort aux hommes qui ont peur de notre sexe.

Le Chevalier, *à part.* Quelle drôle de femme !

Mirandoline, *feignant de vouloir partir.* Avec la permission de Votre Seigneurie.

Le Chevalier. Vous êtes pressée ?

Mirandoline. Je ne voudrais pas importuner Monsieur.

Le Chevalier. Non, vous me faites plaisir, vous m'amusez.

Mirandoline. Monsieur voit ? C'est ainsi que je fais avec les autres. Je cause un moment, je suis plutôt gaie, je dis des plaisanteries pour les amuser, et ils croient tout de suite... Monsieur me comprend... et ils me font les yeux doux.

CAVALIERE: Questo accade, perché avete buona maniera.

MIRANDOLINA *(con una riverenza)*: Troppa bontà, illustrissimo.

CAVALIERE: Ed essi s'innamorano.

MIRANDOLINA: Guardi che debolezza! Innamorarsi subito di una donna!

CAVALIERE: Questa io non l'ho mai potuta capire.

MIRANDOLINA: Bella fortezza! Bella virilità!

CAVALIERE: Debolezze! Miserie umane!

MIRANDOLINA: Questo è il vero pensare degli uomini. Signor Cavaliere, mi porga la mano.

CAVALIERE: Perché volete ch'io vi porga la mano?

MIRANDOLINA: Favorisca; si degni; osservi, sono pulita.

CAVALIERE: Ecco la mano.

MIRANDOLINA: Questa è la prima volta, che ho l'onore d'aver per la mano un uomo, che pensa veramente da uomo.

CAVALIERE *(ritira la mano)*: Via, basta così.

Le Chevalier. Cela vient de ce que vous avez de belles manières.

Mirandoline, *faisant une révérence*. Votre Seigneurie est trop bonne.

Le Chevalier. Et ils deviennent amoureux.

Mirandoline. Quelle faiblesse, Monsieur ! Tomber subitement amoureux d'une femme ! Ne pas savoir résister à deux petites grimaces !

Le Chevalier. Voilà ce que je n'ai jamais pu comprendre.

Mirandoline. Quel caractère ! Quelle force d'âme !

Le Chevalier. Faiblesses ! Misères humaines !

Mirandoline. Voilà qui est vraiment parler en homme | Que Monsieur veuille bien me donner la main.

Le Chevalier. Pourquoi voulez-vous que je vous donne la main ?

Mirandoline. Que Monsieur veuille bien me faire cette faveur ? Regardez, ma main est propre.

Le Chevalier. Voici la mienne.

Mirandoline. C'est la première fois que j'ai l'honneur de tenir la main de quelqu'un qui pense véritablement en homme.

Le Chevalier, *retirant sa main*. C'est bien, en voilà assez !

MIRANDOLINA: Ecco. Se io avessi preso per la mano uno di que' due signori sguaiati, avrebbe tosto creduto ch'io spasimassi per lui. Sarebbe andato in deliquio. Non darei loro una semplice libertà, per tutto l'oro del mondo. Non sanno vivere. Oh benedetto in conversare alla libera! senza attacchi, senza malizia, senza tante ridicole scioccherie. Illustrissimo, perdoni la mia impertinenza. Dove posso servirla, mi comandi con autorità, e avrò per lei quell'attenzione, che non ho mai avuto per alcuna persona di questo mondo.

CAVALIERE: Per quale motivo avete tanta parzialità per me?

MIRANDOLINA: Perché, oltre il suo merito, oltre la sua condizione, sono almeno sicura che con lei posso trattare con libertà, senza sospetto che voglia fare cattivo uso delle mie attenzioni, e che mi tenga in qualità di serva, senza tormentarmi con pretensioni ridicole, con caricature affettate.

CAVALIERE *(da sé)*: (Che diavolo ha costei di stravagante, ch'io non capisco!)

MIRANDOLINA *(da sé)*: (Il satiro si anderà a poco a poco addomesticando.)

CAVALIERE: Orsù, se avete da badare alle cose vostre, non restate per me.

MIRANDOLINA: Sì signore, vado ad attendere alle faccende di casa. Queste sono i miei amori, i miei passatempi. Se comanderà qualche cosa, manderò il cameriere.

MIRANDOLINE. Voilà ! Si j'avais pris la main à l'un de ces messieurs mal élevés, il aurait aussitôt cru que j'étais follement amoureuse de lui. Il serait tombé en pâmoison. Je ne leur accorderais pas la plus petite liberté, pour tout l'or du monde. Ils ne savent pas vivre. Vive une conversation franche, sans pièges, sans malice, sans toutes ces sottises ridicules ! Que Monsieur me pardonne mon impertinence. Qu'il me commande sans se gêner, en ce que je puis lui être agréable ; et j'aurai pour lui des attentions que je n'ai jamais eues pour personne au monde.

Le Chevalier. D'où vient cette si grande préférence pour moi ?

MIRANDOLINE. Parce que, sans parler du mérite de Monsieur ni de sa situation, je suis sûre qu'avec lui je peux causer en toute liberté, sans crainte qu'il veuille faire un mauvais usage de mes attentions, certaine qu'il ne voit en moi qu'une servante, convaincue qu'il ne me tourmentera pas par des prétentions ridicules, par des affectations grotesques.

Le Chevalier, *à part*. Cette femme a quelque chose d'étrange, que je ne puis comprendre.

MIRANDOLINE, *à part*. Le sauvage s'apprivoisera peu à peu.

Le Chevalier. Allons, si vous avez à vous occuper de vos affaires, ne restez pas pour moi.

MIRANDOLINE. Oui. Monsieur, je vais aller vaquer aux soins de ma maison. Voilà mes amours, mon passe-temps. Si Monsieur désire quelque chose, j'enverrai le garçon.

CAVALIERE: Bene... Se qualche volta verrete anche voi, vi vedrò volentieri.

MIRANDOLINA: Io veramente non vado mai nelle camere dei forestieri, ma da lei ci verrò qualche volta.

CAVALIERE: Da me... Perché?

MIRANDOLINA: Perché, illustrissimo signore, ella mi piace assaissimo.

CAVALIERE: Vi piaccio io?

MIRANDOLINA: Mi piace, perché non è effeminato, perché non è di quelli che s'innamorano. *(Da sé.)* (Mi caschi il naso, se avanti domani non l'innamoro.)

Le Chevalier. Bien... Si parfois vous veniez vous-même, je vous verrais volontiers.

Mirandoline. Moi, vraiment, je ne vais jamais dans les chambres des étrangers ; mais chez Monsieur j'y viendrai quelquefois.

Le Chevalier. Pourquoi chez moi... ?

Mirandoline. Parce que Monsieur me plaît énormément.

Le Chevalier. Je vous plais, moi ?

Mirandoline. Monsieur me plaît parce qu'il n'est pas efféminé, parce qu'il n'est pas de ceux qui tombent amoureux sur-le-champ. *(À part.)* Que je perde mon nom si avant demain il n'est pas amoureux de moi. *(Elle sort.)*

Scena Sedicesima

Cavaliere *(solo)*: Eh! So io quel che fo. Colle donne? Alla larga. Costei sarebbe una di quelle che potrebbero farmi cascare più delle altre. Quella verità, quella scioltezza di dire, è cosa poco comune. Ha un non so che di estraordinario; ma non per questo mi lascerei innamorare. Per un poco di divertimento, mi fermerei più tosto con questa che con un'altra. Ma per fare all'amore? Per perdere la libertà? Non vi è pericolo. Pazzi, pazzi quelli che s'innamorano delle donne. *(Parte.)*

Scène XVI

Le Chevalier

Le Chevalier. Eh ! je sais bien ce que je fais, moi. Les femmes, passez au large ! Mirandoline serait une de celles qui plus que toute autre pourrait me faire changer d'avis. Cette sincérité, cette franchise de langage sont choses peu communes. Elle a un je ne sais quoi d'extraordinaire ; mais je n'en tomberai pas amoureux pour cela. Pour m'amuser un peu, je m'arrêterais à celle-là plutôt qu'à une autre. Mais lui faire la cour, perdre ma liberté ? Il n'y a pas de danger. Fou, triple fou celui qui devient amoureux d'une femme. *(Il sort.)*

Scena Diciassettesima

Altra camera di locanda.

Ortensia, Dejanira, Fabrizio.

Fabrizio: Che restino servite qui, illustrissime. Osservino quest'altra camera. Quella per dormire, e questa per mangiare, per ricevere, per servirsene come comandano.

Ortensia: Va bene, va bene. Siete voi padrone, o cameriere?

Fabrizio: Cameriere, ai comandi di V.S. illustrissima

Dejanira *(piano a Ortensia, ridendo)*: Ci dà delle illustrissime.

Ortensia: (Bisogna secondare il lazzo.) Cameriere?

Fabrizio: Illustrissima.

Ortensia: Dite al padrone che venga qui, voglio parlar con lui per il trattamento.

Fabrizio: Verrà la padrona; la servo subito. *(Da sé.)* (Chi diamine saranno queste due signore così sole? All'aria, all'abito, paiono dame.) *(Parte.)*

Scène XVII

Une autre chambre de l'hôtellerie

Hortense, Déjanire, Fabrice

Fabrice. Voici l'appartement de Vos Seigneuries. Voilà la chambre à coucher, ici c'est la salle à manger, le salon de réception, à votre choix.

Hortense. Très bien, très bien. Êtes-vous le patron ou le garçon ?

Fabrice. Le garçon, pour vous servir Votre Seigneurie.

Déjanire, *bas à* Hortense, *en riant.* Il nous appelle « Vos Seigneuries ».

Hortense, *à* Déjanire. Il faut favoriser la plaisanterie. *(Haut.)* Garçon !

Fabrice. Votre Seigneurie.

Hortense. Dites au patron que je l'attends. Je veux m'entendre avec lui sur le prix.

Fabrice. La patronne va venir. Je cours l'avertir. *(À part.)* Qui diable peuvent être ces deux dames, toutes seules ? À leurs manières, à leur costume, on dirait des grandes dames. *(Il sort.)*

Scena Diciottesima

Dejanira e Ortensia.

DEJANIRA: Ci dà dell'illustrissime. Ci ha creduto due dame.

ORTENSIA: Bene. Così ci tratterà meglio.

DEJANIRA: Ma ci farà pagare di più.

ORTENSIA: Eh, circa i conti, avrà da fare con me. Sono degli anni assai, che cammino il mondo.

DEJANIRA: Non vorrei che con questi titoli entrassimo in qualche impegno.

ORTENSIA: Cara amica, siete di poco spirito. Due commedianti avvezze a far sulla scena da contesse, da marchese e da principesse, avranno difficoltà a sostenere un carattere sopra di una locanda?

DEJANIRA: Verranno i nostri compagni, e subito ci sbianchiranno.

ORTENSIA: Per oggi non possono arrivare a Firenze. Da Pisa a qui in navicello vi vogliono almeno tre giorni.

Scène XVIII

Déjanire, Hortense

Déjanire. Il nous appelle : « Vos Seigneuries ». Il nous prend pour deux femmes du monde.

Hortense. Il n'y a pas de mal. On ne nous traitera que mieux.

Déjanire. Mais on nous fera payer plus cher.

Hortense. Pour le règlement du compte, on aura affaire à moi. Il y a très longtemps que je cours le monde.

Déjanire. Je ne voudrais pas que ce : « Vos Seigneuries » nous entraînât dans quelque histoire désagréable.

Hortense. Que vous êtes naïve, ma chère amie. Deux actrices, habituées à jouer sur la scène les rôles de Comtesse, de Marquise, de Princesse, seraient embarrassées pour continuer leur personnage dans une hôtellerie !

Déjanire. Nos camarades vont arriver et nous serons aussitôt « démaquillées ».

Hortense. Ils ne peuvent pas arriver à Florence aujourd'hui. De Pise ici, en bateau, il faut au moins trois jours.

DEJANIRA: Guardate che bestialità! Venire in navicello!

ORTENSIA: Per mancanza di lugagni. È assai che siamo venute noi in calesse.

DEJANIRA: È stata buona quella recita di più che abbiamo fatto.

ORTENSIA: Sì, ma se non istavo io alla porta, non si faceva niente.

40:54

Déjanire. Voyez un peu cette bêtise ! Venir en bateau !

Hortense. Faute de « picaillons ». C'est déjà beaucoup que nous ayons pu nous payer une voiture.

Déjanire. La représentation supplémentaire que nous avons donnée nous a servi.

Hortense. C'est vrai ; mais si je ne m'étais pas tenue à la porte, nous ne faisions rien.

Scena Diciannovesima

Fabrizio e dette.

FABRIZIO: La padrona or ora sarà a servirle.

ORTENSIA: Bene.

FABRIZIO: Ed io le supplico a comandarmi. Ho servito altre dame: mi darò l'onor di servir con tutta l'attenzione anche le signorie loro illustrissime.

ORTENSIA: Occorrendo, mi varrò di voi.

DEJANIRA *(da sé)*: (Ortensia queste parti le fa benissimo.)

FABRIZIO: Intanto le supplico, illustrissime signore, favorirmi il loro riverito nome per la consegna. *(Tira fuori un calamaio ed un libriccino.)*

DEJANIRA: (Ora viene il buono.)

ORTENSIA: Perché ho da dar il mio nome?

FABRIZIO: Noialtri locandieri siamo obbligati a dar il nome, il casato, la patria e la condizione di tutti i passeggeri che alloggiano alla nostra locanda. E se non lo facessimo, meschini noi.

Scène XIX

Les mêmes, Fabrice

Fabrice. La patronne sera ici dans un instant, aux ordres de ces dames.

Hortense. C'est bien.

Fabrice. Et, moi, je prie ces dames de me dire ce qu'elles désirent. J'ai servi d'autres dames, et je me ferai un honneur de servir Leurs Seigneuries avec tout le soin possible.

Hortense. Si c'est nécessaire, j'userai de vous.

Déjanire, *à part.* Hortense joue très bien ces rôles-là.

Fabrice. En attendant, je prie ces Illustres Dames de vouloir bien me donner leurs honorables noms, pour que je les inscrive. *(Il tire de sa poche un encrier et un petit carnet.)*

Déjanire, *à part.* Nous allons rire.

Hortense. Pourquoi dois-je donner mon nom ?

Fabrice. Nous autres hôteliers, nous sommes obligés de fournir les nom, prénom, lieu de naissance et situation de tous les voyageurs qui descendent chez nous. Et si nous ne le faisons pas, gare à nous.

DEJANIRA *(piano ad Ortensia)*: Amica, i titoli sono finiti.

ORTENSIA: Molti daranno anche il nome finto.

FABRIZIO: In quanto a questo poi, noialtri scriviamo il nome che ci dettano, e non cerchiamo di più.

ORTENSIA: Scrivete. La Baronessa Ortensia del Poggio, palermitana.

FABRIZIO *(scrivendo)*: (Siciliana? Sangue caldo.) *(A Dejanira.)* Ella, illustrissima?

DEJANIRA: Ed io... (Non so che mi dire.)

ORTENSIA: Via, Contessa Dejanira, dategli il vostro nome.

FABRIZIO *(a Dejanira)*: Vi supplico.

DEJANIRA *(a Fabrizio)*: Non l'avete sentito?

FABRIZIO *(scrivendo)*: L'illustrissima signora Contessa Dejanira... Il cognome?

DEJANIRA *(a Fabrizio)*: Anche il cognome?

ORTENSIA *(a Fabrizio)*: Sì, dal Sole, romana.

FABRIZIO: Non occorr'altro. Perdonino l'incomodo. Ora verrà la padrona. *(Da sé)* (L'ho io detto, che erano due dame? Spero che farò de' buoni negozi. Mancie non ne mancheranno.) *(Parte.)*

DÉJANIRE, *bas à* HORTENSE. Mon amie, c'en est fini de nos titres.

HORTENSE. Beaucoup de gens doivent donner un faux nom.

FABRICE. Quant à ça, ma foi, nous inscrivons le nom qu'on nous donne, et nous n'en demandons pas davantage.

HORTENSE. Écrivez : baronne Hortense Del Poggio, de Païenne.

FABRICE, *à part, en écrivant.* Une Sicilienne ! Tempérament ardent. *(Haut à* DÉJANIRE.*)* Et Votre Seigneurie ?

DÉJANIRE. Moi... *(À part.)* Je ne sais que répondre.

HORTENSE. Allons, Comtesse Déjanire, donnez votre nom.

FABRICE, *à* DÉJANIRE. Je vous en prie.

DÉJANIRE, *à* FABRICE. Vous ne l'avez donc pas entendu ?

FABRICE, écrivant. Sa Très Illustre Seigneurie la Comtesse Déjanire... Quel est le nom de famille ?

DÉJANIRE, *à* FABRICE. Il vous faut aussi le nom dé famille ?

HORTENSE. Oui. *(À* FABRICE.*)* Déjanire Dal Sole, de Rome.

FABRICE. Cela suffit. Excusez le dérangement. La patronne va venir. *(À part.)* Je le disais bien que c'étaient des femmes du monde. J'espère que je ferai de bonnes affaires : les pourboires ne manqueront pas. *(Il sort.)*

(Si burlano vicendevolmente.)

DEJANIRA: Serva umilissima della signora Baronessa.

ORTENSIA: Contessa, a voi m'inchino.

DEJANIRA: Qual fortuna mi offre la felicissima congiuntura di rassegnarvi il mio profondo rispetto?

ORTENSIA: Dalla fontana del vostro cuore scaturir non possono che torrenti di grazie.

43:09

Déjanire, *d'un ton moqueur.* Je suis la très humble servante de Madame la baronne.

Hortense, *même jeu.* Comtesse, je vous fais ma révérence.

Déjanire. Je bénis l'heureux hasard, qui m'offre l'excellente occasion de vous exprimer mon profond respect.

Hortense. De la source de votre cœur, il ne peut jaillir que des torrents de grâce.

Scena Ventesima

Mirandolina e dette.

Dejanira *(ad Ortensia, con caricatura)*: Madama, voi mi adulate.

Ortensia *(fa lo stesso)*: Contessa, al vostro merito ci converrebbe assai più.

Mirandolina *(da sé, in disparte)*: (Oh che dame cerimoniose.)

Dejanira *(da sé)*: (Oh quanto mi vien da ridere!)

Ortensia *(piano a Dejanira)*: Zitto: è qui la padrona.

Mirandolina: M'inchino a queste dame.

Ortensia: Buon giorno, quella giovane.

Dejanira *(a Mirandolina)*: Signora padrona, vi riverisco.

Ortensia: Ehi! *(Fa cenno a Dejanira, che si sostenga.)*

Mirandolina *(ad Ortensia)*: Permetta ch'io le baci la mano.

Scène XX

Les mêmes, Mirandoline

Déjanire, *à* Hortense, *en exagérant.* Madame, vous me flattez.

Hortense, *même jeu.* Comtesse, mes éloges sont bien inférieurs à votre mérite.

Mirandoline, *à part et à l'écart.* Oh ! que de cérémonies ces dames font entre elles.

Déjanire, *à part.* Ah ! que j'ai envie-de rire.

Hortense, *bas à* Déjanire. Chut ! voici la patronne.

Mirandoline. Je fais ma révérence à ces dames.

Hortense. Bonjour, jeune fille.

Déjanire, *à* Mirandoline. Madame la patronne, je vous salue.

Hortense, *faisant signe à* Déjanire *d'être sérieuse.* Eh bien !

Mirandoline, *à* Hortense. Madame permet que je lui baise la main.

ORTENSIA: Siete obbligante. *(Le dà la mano.)*

DEJANIRA: *(ride da sé.)*

MIRANDOLINA: Anche ella, illustrissima. *(Chiede la mano a Dejanira.)*

DEJANIRA: Eh, non importa...

ORTENSIA: Via, gradite le finezze di questa giovane. Datele la mano.

MIRANDOLINA: La supplico.

DEJANIRA: Tenete. *(Le dà la mano, si volta, e ride.)*

MIRANDOLINA: Ride, illustrissima? Di che?

ORTENSIA: Che cara Contessa! Ride ancora di me. Ho detto uno sproposito, che l'ha fatta ridere.

MIRANDOLINA *(da sé)*: (Io giuocherei che non sono dame. Se fossero dame, non sarebbero sole.)

ORTENSIA *(a Mirandolina)*: Circa il trattamento, converrà poi discorrere.

MIRANDOLINA: Ma! Sono sole? Non hanno cavalieri, non hanno servitori, non hanno nessuno?

ORTENSIA: Il Barone mio marito...

DEJANIRA: *(ride forte.)*

MIRANDOLINA *(a Dejanira)*: Perché ride, signora?

ORTENSIA: Via, perché ridete?

HORTENSE, *lui donnant la main.* Vous êtes très aimable.

(DÉJANIRE, *se met à rire, à part.*)

MIRANDOLINE, *demandant la main à* DÉJANIRE. Que Votre Seigneurie me permette aussi de lui baiser la main.

DÉJANIRE. Oh ! ce n'est pas nécessaire.

HORTENSE. Allons, agréez les politesses de cette jeune fille. Donnez-lui la main.

MIRANDOLINE. Je vous en prie.

DÉJANIRE, *lui donne la main, se détourne et se met à rire.* La voici.

MIRANDOLINE. Madame rit, et de quoi ?

HORTENSE. Cette chère Comtesse ! C'est de moi qu'elle rit. J'ai dit une bêtise qui la fait rire.

MIRANDOLINE, *à part.* Je parierais que ce ne sont pas des dames. Si c'étaient des femmes du monde, elles ne seraient pas seules.

HORTENSE, *à* MIRANDOLINE. Au sujet des prix, il convient de nous entendre.

MIRANDOLINE. Mais est-ce que ces dames sont seules ? Elles n'ont ni cavaliers, ni domestiques ; elles n'ont personne ?

HORTENSE. Le baron mon mari...

(DÉJANIRE, *éclate de rire.*)

MIRANDOLINE, *à* DÉJANIRE. Pourquoi Madame rit-elle ?

HORTENSE. Voyons, pourquoi riez-vous ?

DEJANIRA: Rido del Barone di vostro marito.

ORTENSIA: Sì, è un Cavaliere giocoso: dice sempre delle barzellette; verrà quanto prima col Conte Orazio, marito della Contessina.

DEJANIRA *(fa forza per trattenersi dal ridere.)*

MIRANDOLINA *(a Dejanira)*: La fa ridere anche il signor Conte?

ORTENSIA: Ma via, Contessina, tenetevi un poco nel vostro decoro.

MIRANDOLINA: Signore mie, favoriscano in grazia. Siamo sole, nessuno ci sente. Questa contea, questa baronia, sarebbe mai...

ORTENSIA: Che cosa vorreste voi dire? Mettereste in dubbio la nostra nobiltà?

MIRANDOLINA: Perdoni, illustrissima, non si riscaldi, perché farà ridere la signora Contessa.

DEJANIRA: Eh via, che serve?

ORTENSIA: Contessa, Contessa! *(Minacciandola.)*

MIRANDOLINA *(a Dejanira)*: Io so che cosa voleva dire, illustrissima.

DEJANIRA: Se l'indovinate, vi stimo assai.

MIRANDOLINA: Volevate dire: Che serve che fingiamo d'esser due dame, se siamo due pedine? Ah! non è vero?

DÉJANIRE. Je ris du baron, de votre mari.

HORTENSE. Ah oui ! c'est un joyeux cavalier ; il a toujours le mot pour rire. Il va venir tout à l'heure avec le Comte Horace, le mari de la jeune Comtesse.

(DÉJANIRE *fait des efforts pour s'empêcher de rire.*)

MIRANDOLINE, *à* DÉJANIRE. Monsieur le Comte fait aussi rire Madame ?

HORTENSE. Voyons, voyons, Comtesse, gardez un peu votre sérieux.

MIRANDOLINE. Mes chères dames, excusez-moi de grâce ; nous sommes seules, personne ne nous entend. Ce Comte, ce baron ne seraient-ils pas...

HORTENSE. Que voulez-vous dire ? Mettriez-vous en doute notre noblesse !

MIRANDOLINE. Que Votre Seigneurie veuille bien ne pas se fâcher ; cela ferait rire Madame la Comtesse !

DÉJANIRE. Allons, voyons, à quoi cela sert-il !

HORTENSE, *menaçant* DÉJANIRE *du doigt.* Comtesse, Comtesse !

MIRANDOLINE, *à* DÉJANIRE. Je sais ce que voulait dire Votre Seigneurie.

DÉJANIRE. Si vous l'avez deviné, je vous en fais mon compliment.

MIRANDOLINE. Votre Seigneurie voulait dire : à quoi bon feindre d'être deux femmes du monde, puisque nous ne le sommes pas ! C'est bien cela, n'est-ce pas ?

DEJANIRA *(a Mirandolina)*: E che sì che ci conoscete?

ORTENSIA: Che brava commediante! Non è buona da sostenere un carattere.

DEJANIRA: Fuori di scena io non so fingere.

MIRANDOLINA: Brava, signora Baronessa; mi piace il di lei spirito. Lodo la sua franchezza.

ORTENSIA: Qualche volta mi prendo un poco di spasso.

MIRANDOLINA: Ed io amo infinitamente le persone di spirito. Servitevi pure nella mia locanda, che siete padrone; ma vi prego bene, se mi capitassero persone di rango, cedermi quest'appartamento, ch'io vi darò dei camerini assai comodi.

DEJANIRA: Sì, volentieri.

ORTENSIA: Ma io, quando spendo il mio denaro, intendo volere esser servita come una dama, e in questo appartamento ci sono, e non me ne anderò.

MIRANDOLINA: Via, signora Baronessa, sia buona... Oh! Ecco un cavaliere che è alloggiato in questa locanda. Quando vede donne, sempre si caccia avanti.

ORTENSIA: È ricco?

MIRANDOLINA: Io non so i fatti suoi.

DÉJANIRE. Eh bien ! oui ; vous nous avez parfaitement reconnues.

HORTENSE. Quelle excellente comédienne ! Elle n'est pas capable de soutenir un rôle.

DÉJANIRE. Hors de la scène je ne sais pas feindre.

Mirandoline Bravo ! Madame la baronne ; votre caractère me plaît ; je loue votre franchise.

HORTENSE. Quelquefois je m'amuse un peu.

MIRANDOLINE. Et moi, j'aime beaucoup les gens d'esprit. Usez donc de mon hôtellerie, comme si vous étiez chez vous. Mais je vous prierai cependant, s'il n'arrive des personnes de qualité, de me céder cet appartement, et je vous donnerai en échange des petites chambres très commodes.

DÉJANIRE. Oui, bien volontiers.

HORTENSE. Mais moi, quand je paie, j'entends être servie comme une dame : je suis dans cet appartement et j'y reste.

MIRANDOLINE. Voyons ! Que Madame la baronne ne se fâche pas... Oh ! voici un gentilhomme qui loge dans mon hôtellerie. Quand il voit des femmes, il faut toujours qu'il se montre.

HORTENSE. Est-il riche ?

MIRANDOLINE. Je ne connais pas ses affaires.

Scena Ventunesima

Il Marchese e dette.

Marchese: È permesso? Si può entrare?

Ortensia: Per me è padrone.

Marchese: Servo di lor signore.

Dejanira: Serva umilissima.

Ortensia: La riverisco divotamente.

Marchese *(a Mirandolina)*: Sono forestiere?

Mirandolina: Eccellenza sì. Sono venute ad onorare la mia locanda.

Ortensia *(da sé)*: (È un'Eccellenza! Capperi!)

Dejanira *(da sé)*: (Già Ortensia lo vorrà per sé.)

Marchese *(a Mirandolina)*: E chi sono queste signore?

Mirandolina: Questa è la Baronessa Ortensia del Poggio, e questa la Contessa Dejanira dal Sole.

Marchese: Oh compitissime dame!

Ortensia: E ella chi è, signore?

Scène XXI

Les mêmes, le Marquis

Le Marquis. Est-il permis ? Peut-on entrer ?

Hortense. À votre disposition.

Le Marquis. Serviteur de ces dames.

Déjanire. Votre très humble servante.

Hortense. Je salue Monsieur respectueusement.

Le Marquis, *à Mirandoline*. Ce sont des étrangères ?

Mirandoline. Oui, Excellence. Ces dames ont bien voulu faire honneur à mon hôtellerie.

Hortense, *à part*. On l'appelle Excellence. Diantre !

Déjanire, *à part*. Hortense le veut déjà pour elle.

Le Marquis, *à Mirandoline*. Et qui sont ces dames ?

Mirandoline. Madame la baronne Hortense Del Poggio, et Madame la Comtesse Déjanire Dal Sole.

Le Marquis. Des personnes très distinguées, certes.

Hortense, *au Marquis*. Et Monsieur qui est-il ?

MARCHESE: Io sono il Marchese di Forlipopoli.

DEJANIRA *(da sé)*: (La locandiera vuol seguitare a far la commedia.)

ORTENSIA: Godo aver l'onore di conoscere un cavaliere così compito.

MARCHESE: Se vi potessi servire, comandatemi. Ho piacere che siate venute ad alloggiare in questa locanda. Troverete una padrona di garbo.

MIRANDOLINA: Questo cavaliere è pieno di bontà. Mi onora della sua protezione.

MARCHESE: Sì, certamente. Io la proteggo, e proteggo tutti quelli che vengono nella sua locanda; e se vi occorre nulla, comandate.

ORTENSIA: Occorrendo, mi prevarrò delle sue finezze.

MARCHESE: Anche voi, signora Contessa, fate capitale di me.

DEJANIRA: Potrò ben chiamarmi felice, se avrò l'alto onore di essere annoverata nel ruolo delle sue umilissime serve.

MIRANDOLINA *(ad Ortensia)*: (Ha detto un concetto da commedia.)

ORTENSIA *(a Mirandolina)*: (Il titolo di Contessa l'ha posta in soggezione.)

Le Marquis. Je suis le Marquis de Forlipopoli.

Déjanire, *à part.* L'hôtelière veut continuer la plaisanterie.

Hortense. Je suis heureuse d'avoir l'honneur de faire la connaissance d'un gentilhomme aussi accompli.

Le Marquis. Si je pouvais vous être utile en quelque' chose, je suis à vos ordres. Je suis heureux que vous soyez descendues dans cette hôtellerie. Vous y aurez une patronne charmante.

Mirandoline. Ce gentilhomme est plein de bonté : il veut bien m'honorer de sa protection.

Le Marquis. Oui, certainement, je la protège. Je protège aussi toutes les personnes qui descendent dans son hôtellerie. Mesdames, si vous avez besoin de quelque chose, je suis à votre disposition.

Hortense. À l'occasion, je me prévaudrai de votre amabilité.

Le Marquis. Vous aussi, Madame la Comtesse, comptez sur moi.

Déjanire. Je pourrai certes me dire heureuse, si j'obtiens l'honneur insigne d'être comptée au nombre de vos très humbles servantes.

Mirandoline, *à* Hortense. Elle lui a débité une belle phrase de comédie.

Hortense, *à* Mirandoline. Le titre de Comtesse l'a mise en veine.

(Il Marchese tira fuori di tasca un bel fazzoletto di seta, lo spiega, e finge volersi asciugar la fronte.)

MIRANDOLINA: Un gran fazzoletto, signor Marchese!

MARCHESE *(a Mirandolina)*: Ah! Che ne dite? È bello? Sono di buon gusto io?

MIRANDOLINA: Certamente è di ottimo gusto.

MARCHESE *(ad Ortensia)*: Ne avete più veduti di così belli?

ORTENSIA: È superbo. Non ho veduto il compagno. *(Da sé.)* (Se me lo donasse, lo prenderei.)

MARCHESE *(a Dejanira)*: Questo viene da Londra.

DEJANIRA: È bello, mi piace assai.

MARCHESE: Son di buon gusto io?

DEJANIRA *(da sé)*: (E non dice a' vostri comandi.)

MARCHESE: M'impegno che il Conte non sa spendere. Getta via il denaro, e non compra mai una galanteria di buon gusto.

MIRANDOLINA: Il signor Marchese conosce, distingue, sa, vede, intende.

MARCHESE *(piega il fazzoletto con attenzione)*: Bisogna piegarlo bene, acciò non si guasti. Questa sorta di roba bisogna custodirla con attenzione. Tenete. *(Lo presenta a Mirandolina.)*

(Le Marquis *sort de sa poche un beau mouchoir de soie, le déplie et fait semblant de vouloir s'essuyer le front.*)

Mirandoline. Quel superbe mouchoir. Monsieur le Marquis !

Le Marquis, *à* Mirandoline. Hein ! qu'en dites-vous ? Il est joli, n'est-ce pas ? Ai-je assez bon goût, moi ?

Mirandoline. Certainement, Monsieur le Marquis a un goût parfait.

Le Marquis, *à* Hortense. En avez-vous vu beaucoup d'aussi beaux.

Hortense. Il est magnifique. Je n'ai pas vu le pareil. (*À part.*) S'il me le donnait, je l'accepterais volontiers.

Le Marquis, *à* Déjanire. Ce foulard vient de Londres.

Déjanire. Il est joli ; il me plaît beaucoup.

Le Marquis. J'ai bon goût, n'est-ce pas ?

Déjanire, *à part.* Mais il ne dit pas : Voulez-vous l'accepter ?

Le Marquis. Je prétends que le Comte ne sait pas dépenser son argent ; il le jette par la fenêtre, mais il n'achète jamais un cadeau de bon goût.

Mirandoline. Tandis que Monsieur le Marquis connaît, distingue, comprend, voit, est compétent.

Le Marquis, *pliant le mouchoir avec beaucoup de soin.* Il faut le plier avec attention, afin qu'il ne s'abîme pas. Ce genre d'article a besoin d'être conservé avec précaution. (*Il présente le mouchoir à* Mirandoline.) Tenez.

MIRANDOLINA: Vuole ch'io lo faccia mettere nella sua camera?

MARCHESE: No. Mettetelo nella vostra.

MIRANDOLINA: Perché... nella mia?

MARCHESE: Perché... ve lo dono.

MIRANDOLINA: Oh, Eccellenza, perdoni...

MARCHESE: Tant'è. Ve lo dono.

MIRANDOLINA: Ma io non voglio.

MARCHESE: Non mi fate andar in collera.

MIRANDOLINA: Oh, in quanto a questo poi, il signor Marchese lo sa, io non voglio disgustar nessuno. Acciò non vada in collera, lo prenderò.

DEJANIRA *(ad Ortensia)*: Oh che bel lazzo!

ORTENSIA *(a Dejanira)*: E poi dicono delle commediant.)

MARCHESE *(ad Ortensia)*: Ah! Che dite? Un fazzoletto di quella sorta, l'ho donato alla mia padrona di casa.

ORTENSIA: È un cavaliere generoso.

MARCHESE: Sempre così.

MIRANDOLINA *(da sé)*: (Questo è il primo regalo che mi ha fatto, e non so come abbia avuto quel fazzoletto.)

DEJANIRA: Signor Marchese, se ne trovano di quei fazzoletti in Firenze? Avrei volontà d'averne uno compagno.

Mirandoline. Monsieur désire que je le fasse mettre dans sa chambre ?

Le Marquis. Non, mettez-le dans la vôtre.

Mirandoline. Pourquoi dans la mienne ?

Le Marquis. Parce que je vous le donne.

Mirandoline. Que Votre Excellence veuille bien m'excuser...

Le Marquis. C'est ainsi : je vous en fais cadeau.

Mirandoline. Mais je ne veux pas...

Le Marquis. Ne me faites pas mettre en colère.

Mirandoline. Oh ! quant à cela, Monsieur le Marquis, le sait bien, je ne veux faire de la peine à personne. Pour que Monsieur le Marquis ne se mette pas en colère, je le prendrai.

Déjanire, *à Hortense*. Oh ! quelle plaisanterie.

Hortense, *à Déjanire*. Et on blague les actrices !

Le Marquis, *à Hortense*. Hein, qu'en dites-vous ? Donner un pareil mouchoir à la patronne de mon hôtellerie !

Hortense. Monsieur le Marquis est généreux.

Le Marquis. Je suis toujours ainsi.

Mirandoline, *à part*. C'est le premier cadeau qu'il m'ait encore fait, et je me demande comment il a pu se procurer ce mouchoir.

Déjanire. Monsieur le Marquis, trouve-t-on des mouchoirs pareils à Florence ? J'ai envie d'en avoir un.

MARCHESE: Compagno di questo sarà difficile; ma vedremo.

MIRANDOLINA *(da sé)*: (Brava la signora Contessina.)

ORTENSIA: Signor Marchese, voi che siete pratico della città, fatemi il piacere di mandarmi un bravo calzolaro, perché ho bisogno di scarpe.

MARCHESE: Sì, vi manderò il mio.

MIRANDOLINA *(da sé)*: (Tutte alla vita; ma non ce n'è uno per la rabbia.)

ORTENSIA: Caro signor Marchese, favorirà tenerci un poco di compagnia.

DEJANIRA: Favorirà a pranzo con noi.

MARCHESE: Sì, volentieri. (Ehi Mirandolina, non abbiate gelosia, son vostro, già lo sapete.)

MIRANDOLINA *(al Marchese)*: (S'accomodi pure: ho piacere che si diverta.)

ORTENSIA: Voi sarete la nostra conversazione.

DEJANIRA: Non conosciamo nessuno. Non abbiamo altri che voi.

MARCHESE: Oh care le mie damine! Vi servirò di cuore.

Le Marquis. Le pareil, ce sera difficile ; mais nous verrons.

Mirandoline, *à part*. Bravo, petite Comtesse !

Hortense. Monsieur le Marquis, vous qui connaissez bien la ville, faites-moi le plaisir de m'envoyer un bon cordonnier ; j'ai besoin de chaussures.

Le Marquis. *Avec plaisir.* Je vous enverrai le mien.

Mirandoline, *à part*. L'intérêt seul les guide ; mais elles ignorent qu'il n'a pas le sou.

Hortense. Ce cher Marquis voudra bien nous faire le plaisir de s'occuper un peu de nous.

Déjanire. Et de dîner avec nous.

Le Marquis. Oui, très volontiers. *(À part, à Mirandoline.)* Allons, Mirandoline, ne soyez pas jalouse. Je suis tout à vous, vous le savez bien.

Mirandoline, *au Marquis*. Ne vous gênez pas : j'aime à vous voir vous divertir.

Hortense. Vous nous tiendrez compagnie.

Déjanire. Nous ne connaissons ici personne en dehors de vous.

Le Marquis. Mes chères aimables dames, je suis votre tout dévoué serviteur.

Scena Ventiduesima

Il Conte e detti.

Conte: Mirandolina, io cercava voi.

Mirandolina: Son qui con queste dame.

Conte: Dame? M'inchino umilmente.

Ortensia: Serva divota. *(Piano a Dejanira.)* (Questo è un guasco più badia! di quell'altro.)

Dejanira *(piano ad Ortensia)*: (Ma io non sono buona per miccheggiare.)

Marchese *(piano a Mirandolina)*: (Ehi! Mostrate al Conte il fazzoletto.)

Mirandolina: Osservi signor Conte, il bel regalo che mi ha fatto il signor Marchese. *(Mostra il fazzoletto al Conte.)*

Conte: Oh, me ne rallegro! Bravo, signor Marchese.

Marchese: Eh niente, niente. Bagattelle. Riponetelo via; non voglio che lo diciate. Quel che fo, non s'ha da sapere.

Scène XXII

Les mêmes, le Comte

Le Comte. Je vous cherchais, Mirandoline.

Mirandoline. J'étais ici, avec ces dames.

Le Comte. Des dames ? Je les salue humblement.

Hortense. Votre dévouée servante. *(Bas à* Déjanire.*)* Ce gentilhomme est plus cossu que l'autre.

Déjanire, *bas à* Hortense. Mais je ne suis pas bonne à plumer les gens, moi.

Le Marquis, *bas à* Mirandoline. Mirandoline, montrez le mouchoir au Comte.

Mirandoline, *tirant le mouchoir de la poche et le montrant au* Comte. Que Monsieur le Comte veuille bien admirer le beau cadeau que m'a fait Monsieur le Marquis.

Le Comte. J'en suis ravi. Bravo, Monsieur le Marquis !

Le Marquis. Ce n'est rien, ce n'est rien ! Une simple bagatelle. Voyons, remettez-le dans votre poche ; je ne veux pas que vous en parliez. Ce que je fais on ne doit pas le savoir.

MIRANDOLINA *(da sé)*: (Non s'ha da sapere, e me lo fa mostrare. La superbia contrasta con la povertà.)

CONTE *(a Mirandolina)*: Con licenza di queste dame, vorrei dirvi una parola.

ORTENSIA: S'accomodi con libertà.

MARCHESE *(a Mirandolina)*: Quel fazzoletto in tasca lo manderete a male.

MIRANDOLINA: Eh, lo riporrò nella bambagia, perché non si ammacchi!

CONTE *(a Mirandolina)*: Osservate questo piccolo gioiello di diamanti.

MIRANDOLINA: Bello assai.

CONTE: È compagno degli orecchini che vi ho donato.

*(Ortensia e Dejanira osservano,
e parlano piano fra loro.)*

MIRANDOLINA: Certo è compagno, ma è ancora più bello.

MARCHESE *(da sé)*: (Sia maledetto il Conte, i suoi diamanti, i suoi denari, e il suo diavolo che se lo porti.)

CONTE *(a Mirandolina)*: Ora, perché abbiate il fornimento compagno, ecco ch'io vi dono il gioiello.

MIRANDOLINA: Non lo prendo assolutamente.

CONTE: Non mi farete questa male creanza.

MIRANDOLINE, *à part.* Il ne faut pas qu'on le sache, et il me fait montrer le mouchoir. Son orgueil est en lutte avec sa pauvreté.

LE COMTE, *à* MIRANDOLINE. Avec la permission de ces dames, je voudrais vous dire un mot.

HORTENSE. Faites comme chez vous.

LE MARQUIS, *à* MIRANDOLINE. En gardant ce mouchoir dans la poche, vous l'abîmerez.

MIRANDOLINE. Je vais le mettre dans du coton, pour qu'il ne se salisse pas !

LE COMTE, *à* MIRANDOLINE. Regardez ce petit bijou en diamants.

MIRANDOLINE. Il est fort beau.

LE COMTE. C'est le complément des boucles d'oreilles que je vous ai données.

(Hortense et Déjanire regardent ce qui se passe et parlent bas entre elles.)

MIRANDOLINE. Certainement, c'est le complément des boucles d'oreilles ; mais c'est encore plus beau.

LE MARQUIS, *à part.* Que le diable emporte ce maudit Comte, ses diamants et son argent.

LE COMTE. Et pour que vous ayez la parure complète, je vous offre ce bijou.

MIRANDOLINE. Je n'en veux pas absolument.

LE COMTE. Vous ne me ferez pas cette impolitesse.

MIRANDOLINA: Oh! delle male creanze non ne faccio mai. Per non disgustarla, lo prenderò.

(Ortensia e Dejanira parlano come sopra, osservando la generosità del Conte.)

MIRANDOLINA: Ah! Che ne dice, signor Marchese? Questo gioiello non è galante?

MARCHESE: Nel suo genere il fazzoletto è più di buon gusto.

CONTE: Sì, ma da genere a genere vi è una bella distanza.

MARCHESE: Bella cosa! Vantarsi in pubblico di una grande spesa.

CONTE: Sì, sì, voi fate i vostri regali in segreto.

MIRANDOLINA *(da sé)*: (Posso ben dire con verità questa volta, che fra due litiganti il terzo gode.)

MARCHESE: E così, damine mie, sarò a pranzo con voi.

ORTENSIA *(al Conte)*: Quest'altro signore chi è?

CONTE: Sono il Conte d'Albafiorita, per obbedirvi.

DEJANIRA: Capperi! È una famiglia illustre, io la conosco. *(Anch'ella s'accosta al Conte.)*

Mirandoline. Oh ! des impolitesses, je n'en fais jamais. Donc, pour ne pas vous fâcher, je l'accepte.

(Hortense et Déjanire *continuent à parler bas entre elles, tout en remarquant la générosité du Comte.*)

Mirandoline. Hein ! Qu'en dites-vous, Monsieur le Marquis, ce bijou n'est-il pas de bon goût ?

Le Marquis. Dans son genre, le mouchoir est de bien meilleur goût.

Le Comte. Certainement, mais d'un genre à l'autre il y a une jolie distance.

Le Marquis. La belle affaire ! Se vanter en public d'une grosse dépense.

Le Comte. Oui, nous le savons, vous faites vos cadeaux en secret.

Mirandoline, *à part.* Je puis bien dire, en vérité, cette fois, qu'entre les deux plaideurs c'est le troisième personnage qui jouit.

Le Marquis. Donc, mes obères aimables dames, je dîne avec vous.

Hortense, *au* Comte. Et Monsieur qui est-il ?

Le Comte. Je suis le Comte d'Albafiorita, pour vous servir.

Déjanire. Diantre ! c'est une famille illustre ; j'en ai entendu parler. (*Elle aussi s'approche du* Comte.)

CONTE *(a Dejanira)*: Sono a' vostri comandi.

ORTENSIA *(al Conte)*: È qui alloggiato?

CONTE: Sì, signora.

DEJANIRA *(al Conte)*: Si trattiene molto?

CONTE: Credo di sì.

MARCHESE: Signore mie, sarete stanche di stare in piedi, volete ch'io vi serva nella vostra camera?

ORTENSIA: Obbligatissima. *(Con disprezzo.)* Di che paese è, signor Conte?

CONTE: Napolitano.

ORTENSIA: Oh! Siamo mezzi patrioti. Io sono palermitana.

DEJANIRA: Io son romana; ma sono stata a Napoli, e appunto per un mio interesse desiderava parlare con un cavaliere napolitano.

CONTE: Vi servirò, signore. Siete sole? Non avete uomini?

MARCHESE: Ci sono io, signore: e non hanno bisogno di voi.

ORTENSIA: Siamo sole, signor Conte. Poi vi diremo il perché.

CONTE: Mirandolina.

MIRANDOLINA: Signore.

Le Comte, *à Déjanire.* Tout à votre service.

Hortense, *au Comte.* Monsieur loge ici ?

Le Comte. Oui, Madame.

Déjanire, *au Comte.* Monsieur restera longtemps ?

Le Comte. Je crois que oui.

Le Marquis. Mes chères dames, vous devez être fatiguées d'être debout. Voulez-vous que je vous accompagne dans votre chambre ?

Hortense, d'*un ton méprisant.* Merci, mille lois merci. *(Au Comte.)* De quel pays est Monsieur le Comte ?

Le Comte. Je suis Napolitain.

Hortense. Oh ! nous sommes à moitié compatriotes. Je suis de Palerme.

Déjanire. Moi, je suis de Rome ; mais j'ai vécu à Naples et justement, pour une affaire qui m'intéresse, je désirais parler avec un gentilhomme napolitain.

Le Comte. À votre service, Madame. Vous êtes seules ? Vous n'avez pas de cavalier ?

Le Marquis. Si, Monsieur ; ces dames sont avec moi, et elles n'ont pas besoin de vous.

Hortense. Nous sommes seules, Monsieur le Comte ; plus tard nous vous dirons pourquoi.

Le Comte. Mirandoline.

Mirandoline. Monsieur.

CONTE: Fate preparare nella mia camera per tre. *(Ad Ortensia e Dejanira.)* Vi degnerete di favorirmi?

ORTENSIA: Riceveremo le vostre finezze.

MARCHESE: Ma io sono stato invitato da queste dame.

CONTE: Esse sono padrone di servirsi come comandano, ma alla mia piccola tavola in più di tre non ci si sta.

MARCHESE: Vorrei veder anche questa...

ORTENSIA: Andiamo, andiamo, signor Conte. Il signor Marchese ci favorirà un'altra volta. *(Parte.)*

DEJANIRA: Signor Marchese, se trova il fazzoletto, mi raccomando. *(Parte.)*

MARCHESE: Conte, Conte, voi me la pagherete.

CONTE: Di che vi lagnate?

MARCHESE: Son chi sono, e non si tratta così. Basta... Colei vorrebbe un fazzoletto? Un fazzoletto di quella sorta? Non l'avrà. Mirandolina, tenetelo caro. Fazzoletti di quella sorta non se ne trovano. Dei diamanti se ne trovano, ma dei fazzoletti di quella sorta non se ne trovano. *(Parte.)*

MIRANDOLINA *(da sé)*: (Oh che bel pazzo!)

CONTE: Cara Mirandolina, avrete voi dispiacere ch'io serva queste due dame?

MIRANDOLINA: Niente affatto, signore.

Le Comte. Faites mettre trois couverts dans ma chambre. *(À* Hortense *et à* Déjanire.*)* Daignerez-vous me faire l'honneur ?

Hortense. Nous acceptons votre aimable invitation.

Le Marquis. Mais je suis déjà invité par ces dames.

Le Comte. Elles sont libres de faire connues elles voudront ; mais à ma petite table on ne peut pas être plus de trois.

Le Marquis. Oh ! je voudrais bien voir encore celle-là !

Hortense. En route, en route, Monsieur le Comte. Monsieur le Marquis nous fera la faveur de sa compagnie une autre fois. *(Elle sort.)*

Déjanire. Si Monsieur le Marquis trouve le mouchoir, je me recommande à lui. *(Elle sort.)*

Le Marquis. Comte, Comte, vous me le paierez.

Le Comte. De quoi vous plaignez-vous ?

Le Marquis. Je suis qui je suis et on n'agit pas de la sorte. C'est bien... L'une de ces dames veut un mouchoir ? un mouchoir de cette espèce ? Elle ne l'aura pas. Mirandoline, ayez soin du vôtre. Des diamants on en trouve, mais des mouchoirs de cette qualité on n'en trouve pas. *(Il sort.)*

Mirandoline, *à part.* Il est complètement fou !

Le Comte. Chère Mirandoline, êtes-vous fâchée que je m'occupe de ces deux dames ?

Mirandoline. Pas du tout, Monsieur le Comte.

CONTE: Lo faccio per voi. Lo faccio per accrescer utile ed avventori alla vostra locanda; per altro io son vostro, è vostro il mio cuore, e vostre son le mie ricchezze, delle quali disponetene liberamente, che io vi faccio padrona. *(Parte.)*

58:13

LE COMTE. Ce que j'en fais, c'est pour vous : je le fais dans votre intérêt ; pour augmenter vos bénéfices et le nombre de vos clients. Par ailleurs, je vous appartiens, mon cœur est à vous ; ma fortune est à votre disposition ; usez-en librement, comme si elle vous appartenait. *(Il sort.)*

Scena Ventitreesima

MIRANDOLINA *(sola)*: Con tutte le sue ricchezze, con tutti li suoi regali, non arriverà mai ad innamorarmi; e molto meno lo farà il Marchese colla sua ridicola protezione. Se dovessi attaccarmi ad uno di questi due, certamente lo farei con quello che spende più. Ma non mi preme né dell'uno, né dell'altro. Sono in impegno d'innamorar il Cavaliere di Ripafratta, e non darei un tal piacere per un gioiello il doppio più grande di questo. Mi proverò; non so se avrò l'abilità che hanno quelle due brave comiche, ma mi proverò. Il Conte ed il Marchese, frattanto che con quelle si vanno trattenendo, mi lasceranno in pace; e potrò a mio bell'agio trattar col Cavaliere. Possibile ch'ei non ceda? Chi è quello che possa resistere ad una donna, quando le dà tempo di poter far uso dell'arte sua? Chi fugge non può temer d'esser vinto, ma chi si ferma, chi ascolta, e se ne compiace, deve o presto o tardi a suo dispetto cadere. *(Parte.)*

Scène XXIII

Mirandoline seule

MIRANDOLINE. Avec toutes ses richesses, avec tous ses cadeaux, il n'arrivera jamais à se faire aimer de moi, et encore bien moins le Marquis avec sa protection ridicule. S'il fallait m'attacher à l'un des deux, ce serait certainement à celui qui fait le plus de dépenses. Mais je ne me soucie ni de l'un ni de l'autre. Je m'attache à conquérir le cœur du Chevalier de Ripafratta, et je ne donnerais pas un tel plaisir pour un bijou deux fois plus beau que celui-ci. Je vais essayer. Je ne sais pas si je serai aussi habile que ces deux braves actrices : mais j'essaierai. Le Comte et le Marquis, pendant qu'ils s'occupent de Déjanire et d'Hortense, me laisseront tranquille, et je pourrai m'occuper tout à mon aise du Chevalier. IL n'est pas possible qu'il me résiste ! Quel est l'homme qui peut résister à une femme, s'il lui donne le temps de mettre en œuvre tous ses talents ? Celui qui fuit n'a pas à craindre d'être vaincu ; mais celui qui s'arrête, qui écoute et y prend plaisir doit, tôt ou tard, succomber malgré lui. *(Elle sort.)*

ATTO II

Scena Prima

*Camera del Cavaliere,
con tavola apparecchiata per il pranzo e sedie.*

*Il Cavaliere ed il suo Servitore, poi Fabrizio.
(Il Cavaliere passeggia con un libro.
Fabrizio mette la zuppa in tavola.)*

Fabrizio *(al Servitore)*: Dite al vostro padrone, se vuol restare servito, che la zuppa è in tavola.

Servitore *(a Fabrizio)*: Glielo potete dire anche voi.

Fabrizio: È tanto stravagante, che non gli parlo niente volentieri.

Servitore: Eppure non è cattivo. Non può veder le donne, per altro cogli uomini è dolcissimo.

Fabrizio *(da sé)*: (Non può veder le donne? Povero sciocco! Non conosce il buono.) *(Parte.)*

ACTE II

Scène Première

*La chambre du Chevalier,
avec la table mise pour le dîner et des sièges*

Le Chevalier et son Domestique, puis Fabrice

*(Le Chevalier se promène, un livre a la main.
Fabrice met le potage sur la table)*

Fabrice, *au Domestique.* Dites à votre maître, s'il veut se mettre à table, que le potage est servi.

Le Domestique, *à Fabrice.* Vous pouvez bien le lui dire vous-même.

Fabrice. Il est tellement extravagant, que je ne lui parle pas volontiers.

Le Domestique. Et cependant il n'est pas méchant. Il ne peut pas souffrir les femmes ; par ailleurs, il est excessivement doux avec les hommes.

Fabrice, *à part.* Il ne peut pas voir les femmes ! Pauvre imbécile ! Il ne sait pas ce qui est bon. *(Il sort.)*

SERVITORE: Illustrissimo, se comoda, è in tavola.

(Il Cavaliere mette giù il libro, e va a sedere a tavola.)

CAVALIERE *(al Servitore, mangiando)*: Questa mattina parmi che si pranzi prima del solito.

(Il Servitore dietro la sedia del Cavaliere, col tondo sotto il braccio.)

SERVITORE: Questa camera è stata servita prima di tutte. Il signor Conte d'Albafiorita strepitava che voleva essere servito il primo, ma la padrona ha voluto che si desse in tavola prima a V.S. illustrissima.

CAVALIERE: Sono obbligato a costei per l'attenzione che mi dimostra.

SERVITORE: È una assai compita donna, illustrissimo. In tanto mondo che ho veduto, non ho trovato una locandiera più garbata di questa.

CAVALIERE *(voltandosi un poco indietro)*: Ti piace, eh?

SERVITORE: Se non fosse per far torto al mio padrone, vorrei venire a stare con Mirandolina per cameriere.

CAVALIERE: Povero sciocco! Che cosa vorresti ch'ella facesse di te? *(Gli dà il tondo, ed egli lo muta.)*

SERVITORE: Una donna di questa sorta, la vorrei servir come un cagnolino. *(Va per un piatto.)*

La Locandiera (Acte II - Scène I)
00:49

Le Domestique. Si Votre Seigneurie désire se mettre à table, Elle est servie.

(Le Chevalier *dépose son livre et va s'asseoir à table.*)

Le Chevalier, *en mangeant, au* Domestique. Il me semble qu'aujourd'hui on dîne plutôt que de coutume.

Le Domestique, *derrière la chaise du* Chevalier, *avec une assiette sous le bras.* Votre Seigneurie a été servie avant tout le monde. Monsieur le Comte d'Albafiorita a mené grand bruit, parce qu'il voulait être servi le premier ; mais la patronne a voulu que l'on commençât par Votre Seigneurie.

Le Chevalier. Je lui suis reconnaissant des attentions qu'elle a pour moi.

Le Domestique. C'est une femme très accomplie. Depuis que je suis au monde, je n'ai jamais vu une hôtelière plus gracieuse que celle-ci.

Le Chevalier, *tournant un peu la tête en arrière.* Elle te plaît, dis ?

Le Domestique. Si je ne devais pas désobliger mon maître, je resterais volontiers avec Mirandoline, comme garçon.

Le Chevalier. Pauvre sot ! Que voudrais-tu qu'elle fît de toi ? *(Il lui remet son assiette, et le* Domestique *lui en donne une autre.)*

Le Domestique. Une femme comme celle-là, je la servirais comme un petit chien. *(Il va chercher un plat.)*

CAVALIERE: Per bacco! Costei incanta tutti. Sarebbe da ridere che incantasse anche me. Orsù, domani me ne vado a Livorno. S'ingegni per oggi, se può, ma si assicuri che non sono sì debole. Avanti ch'io superi l'avversion per le donne, ci vuol altro.

La Locandiera (Acte II - Scène I)
02:10

Le Chevalier. Corbleu ! Elle charme tout le monde. Il serait drôle qu'elle me charmât aussi. Halte-là ! Je pars demain pour Livourne. Qu'elle s'ingénie aujourd'hui, si elle peut, et qu'elle s'assure que je ne suis pas si faible que les autres. Pour triompher de l'aversion que j'ai pour les femmes, il faudrait bien autre chose.

Scena Seconda

Il Servitore col lesso ed un altro piatto, e detto.

Servitore: Ha detto la padrona, che se non le piacesse il pollastro, le manderà un piccione.

Cavaliere: Mi piace tutto. E questo che cos'è?

Servitore: Disse la padrona, ch'io le sappia dire se a V.S. illustrissima piace questa salsa, che l'ha fatta ella colle sue mani.

Cavaliere: Costei mi obbliga sempre più. *(L'assaggia.)* È preziosa. Dille che mi piace, che la ringrazio.

Servitore: Glielo dirò, illustrissimo.

Cavaliere: Vaglielo a dir subito.

Servitore: Subito. *(Da sé.)* (Oh che prodigio! Manda un complimento a una donna!) *(Parte.)*

Cavaliere: È una salsa squisita. Non ho sentita la meglio. *(Va mangiando.)* Certamente, se Mirandolina farà così, avrà sempre de' forestieri. Buona tavola, buona biancheria.

Scène II

*Le Chevalier et son Domestique,
qui revient avec le bouilli et un autre plat*

Le Domestique. La patronne a dit que si le poulet ne plaît pas à Votre Seigneurie, elle lui enverra un pigeon.

Le Chevalier. Tout me plaît. Et ceci qu'est-ce que c'est ?

Le Domestique. La patronne a dit que je lui fasse savoir si cette sauce, préparée par elle, plaît à Votre Seigneurie.

Le Chevalier. Elle est de plus en plus aimable pour moi. *(Il goûte la sauce.)* Cette sauce est délicieuse. Dis-lui que je la trouve excellente, que je la remercie.

Le Domestique. Je le lui dirai.

Le Chevalier. Va le lui dire immédiatement.

Le Domestique. Immédiatement ? *(À part.)* Quel miracle ! Il envoie faire un compliment à une femme ! *(Il sort.)*

Le Chevalier. Cette sauce est exquise. Je n'en ai jamais mangé de meilleure. *(Il continue à manger.)* Certes, si Mirandoline fait toujours ainsi, les clients ne doivent pas lui manquer. Bonne table, beau linge.

E poi non si può negare che non sia gentile; ma quel che più stimo in lei, è la sincerità. Oh, quella sincerità è pure la bella cosa! Perché non posso io vedere le donne? Perché sono finte, bugiarde, lusinghiere. Ma quella bella sincerità…

La Locandiera (Acte II - Scène II)
03:43

Et puis on ne peut pas dire qu'elle n'est pas aimable ; mais ce que j'estime le plus en elle, c'est sa sincérité. Oh ! quelle belle chose que cette sincérité ! Pourquoi ne puis-je pas sentir les femmes ? Parce qu'elles sont dissimulées, menteuses, cajoleuses. Mais cette admirable sincérité...

Scena Terza

Il servitore e detto.

Servitore: Ringrazia V.S. illustrissima della bontà che ha d'aggradire le sue debolezze.

Cavaliere: Bravo, signor cerimoniere, bravo.

Servitore: Ora sta facendo colle sue mani un altro piatto; non so dire che cosa sia.

Cavaliere: Sta facendo?

Servitore: Sì signore.

Cavaliere: Dammi da bere.

Servitore: La servo. *(Va a prendere da bere.)*

Cavaliere: Orsù, con costei bisognerà corrispondere con generosità. È troppo compita; bisogna pagare il doppio. Trattarla bene, ma andar via presto.

(Il Servitore gli presenta da bere.)

Cavaliere: Il Conte è andato a pranzo? *(Beve.)*

Scène III

Le même, son Domestique

Le Domestique. La patronne remercie Votre Seigneurie de la bonté qu'Elle a d'agréer ses faibles talents.

Le Chevalier. Bravo, Monsieur le maître des cérémonies ! Bravo !

Le Domestique. Elle est en train de faire de ses propres mains un autre plat ; mais je ne saurais dire ce que c'est.

Le Chevalier. Elle prépare un plat ?

Le Domestique. Oui, Monsieur.

Le Chevalier. Donne-moi à boire.

Le Domestique. Tout de suite. *(Il va prendre la bouteille.)*

Le Chevalier. Allons ! Il faudra être généreux avec elle. Elle est trop accomplie : il faudra payer double, la bien traiter, mais décamper au plus vite. *(Le* Domestique *lui sert à boire.)* Le Comte est-il à table ? *(Il boit.)*

SERVITORE: Illustrissimo sì, in questo momento. Oggi fa trattamento. Ha due dame a tavola con lui.

CAVALIERE: Due dame? Chi sono?

SERVITORE: Sono arrivate a questa locanda poche ore sono. Non so chi sieno.

CAVALIERE: Le conosceva il Conte?

SERVITORE: Credo di no; ma appena le ha vedute, le ha invitate a pranzo seco.

CAVALIERE: Che debolezza! Appena vede due donne, subito si attacca. Ed esse accettano. E sa il cielo chi sono; ma sieno quali esser vogliono, sono donne, e tanto basta. Il Conte si rovinerà certamente. Dimmi: il Marchese è a tavola?

SERVITORE: È uscito di casa, e non si è ancora veduto.

CAVALIERE: In tavola. *(Fa mutare il tondo.)*

SERVITORE: La servo.

CAVALIERE: A tavola con due dame! Oh che bella compagnia! Colle loro smorfie mi farebbero passar l'appetito.

La Locandiera (Acte II - Scène III)
04:57

Le Domestique. Il y est en ce moment. Il a invité deux dames à dîner avec lui.

Le Chevalier. Deux dames ? Qui sont-elles ?

Le Domestique. Elles sont arrivées dans cette hôtellerie, il n'y a que quelques heures. Je ne sais pas qui elles sont.

Le Chevalier. Le Comte les connaissait ?

Le Domestique. Je crois que non ; mais à peine les a-t-il eu vues, qu'il les a invitées à dîner avec lui.

Le Chevalier. Quelle bêtise ! À peine voit-il deux femmes qu'aussitôt il s'occupe d'elles. Et elles acceptent. Et Dieu sait ce qu'elles sont ; mais quoi qu'elles puissent être, ce sont des femmes et cela me suffit. Le Comte finira sûrement par se ruiner. Dis-moi, le Marquis est-il à table ?

Le Domestique. Il est sorti et n'est pas encore rentré.

Le Chevalier. Donne-moi la suite.

Le Domestique. À l'instant ! *(Il change l'assiette du Chevalier.)*

Le Chevalier. À table avec deux dames ! Oh ! la belle compagnie ! Avec leurs grimaces, elles m'ôteraient l'appétit.

Scena Quarta

Mirandolina con un tondo in mano, ed il Servitore, e detto.

Mirandolina: È permesso?

Cavaliere: Chi è di là?

Servitore: Comandi.

Cavaliere: Leva là quel tondo di mano.

Mirandolina: Perdoni. Lasci ch'io abbia l'onore di metterlo in tavola colle mie mani. *(Mette in tavola la vivanda.)*

Cavaliere: Questo non è offizio vostro.

Mirandolina: Oh signore, chi son io? Una qualche signora? Sono una serva di chi favorisce venire alla mia locanda.

Cavaliere *(da sé)*: (Che umiltà!)

Mirandolina: In verità, non avrei difficoltà di servire in tavola tutti, ma non lo faccio per certi riguardi: non so s'ella mi capisca. Da lei vengo senza scrupoli, con franchezza.

Cavaliere: Vi ringrazio. Che vivanda è questa?

Scène IV

Les mêmes, Mirandoline avec un plat à la main

Mirandoline. Peut-on entrer ?

Le Chevalier. Holà !

Le Domestique. Que désire Votre Seigneurie ?

Le Chevalier. Débarrasse-la de ce plat.

Mirandoline. Permettez ! Laissez-moi l'honneur de mettre moi-même ce plat sur la table. *(Elle le pose sur la table.)*

Le Chevalier. Ce n'est pas votre affaire.

Mirandoline. Oh ! Monsieur, que suis-je ? Suis-je donc une dame ? Non : je suis la servante de ceux qui me font l'honneur de descendre dans mon hôtellerie.

Le Chevalier, *à part.* Quelle humilité !

Mirandoline. Certainement, je ne verrais, aucun inconvénient à servir tout le monde à table ; mais je ne le fais pas pour certaines raisons. Je ne sais pas si Monsieur me comprend bien. Je viens chez Monsieur sans aucun scrupule, en toute franchise.

Le Chevalier. Je vous remercie. Quel est ce plat ?

MIRANDOLINA: Egli è un intingoletto fatto colle mie mani.

CAVALIERE: Sarà buono. Quando lo avete fatto voi, sarà buono.

MIRANDOLINA: Oh! troppa bontà, signore. Io non so far niente di bene; ma bramerei saper fare, per dar nel genio ad un Cavalier sì compìto.

CAVALIERE *(da sé)*: (Domani a Livorno.) Se avete che fare, non istate a disagio per me.

MIRANDOLINA: Niente, signore: la casa è ben provveduta di cuochi e servitori. Avrei piacere di sentire, se quel piatto le dà nel genio.

CAVALIERE: Volentieri, subito. *(Lo assaggia.)* Buono, prezioso. Oh che sapore! Non conosco che cosa sia.

MIRANDOLINA: Eh, io, signore, ho de' secreti particolari. Queste mani sanno far delle belle cose!

CAVALIERE *(al Servitore, con qualche passione)*: Dammi da bere.

MIRANDOLINA: Dietro questo piatto, signore, bisogna beverlo buono.

CAVALIERE *(al Servitore)*: Dammi del vino di Borgogna.

MIRANDOLINA: Bravissimo. Il vino di Borgogna è prezioso. Secondo me, per pasteggiare è il miglior vino che si possa bere.

(Il Servitore presenta la bottiglia in tavola, con un bicchiere.)

Mirandoline. C'est un petit ragoût préparé par moi.

Le Chevalier. Il doit être bon : si c'est vous qui l'avez fait, il doit être bon.

Mirandoline. Monsieur est trop aimable. Je ne sais rien faire de bon ; mais je désirerais vivement savoir bien faire, pour satisfaire le goût d'un gentilhomme aussi accompli.

Le Chevalier, *à part.* Demain, en route pour Livourne ! *(Haut.)* Si vous avez à faire, ne vous dérangez pas pour moi.

Mirandoline. Je n'ai rien à faire, Monsieur : la maison est bien pourvue de cuisiniers et de garçons. Je serais heureuse de savoir si ce plat est du goût de Monsieur.

Le Chevalier. Volontiers ! Tout de suite. *(Il goûte le plat.)* Excellent, parfait ! Quel mets savoureux ! Je ne peux pas distinguer ce que c'est.

Mirandoline. Eh ! Monsieur, j'ai des secrets à moi Ces mains savent faire de bonnes choses.

Le Chevalier, *au* Domestique *avec quelque vivacité.* Donne-moi à boire.

Mirandoline. Après ce ragoût, Monsieur, il faut boire du bon vin.

Le Chevalier, *au* Domestique. Donne-moi du vin de Bourgogne.

Mirandoline. Bravo ! le vin de Bourgogne est excellent. D'après moi, c'est le meilleur vin que l'on puisse boire aux repas. *(Le* Domestique *met la bouteille sur la table avec un seul verre.)*

CAVALIERE: Voi siete di buon gusto in tutto.

MIRANDOLINA: In verità, che poche volte m'inganno.

CAVALIERE: Eppure questa volta voi v'ingannate.

MIRANDOLINA: In che, signore?

CAVALIERE: In credere ch'io meriti d'essere da voi distinto.

MIRANDOLINA *(sospirando)*: Eh, signor Cavaliere...

CAVALIERE *(alterato)*: Che cosa c'è? Che cosa sono questi sospiri?

MIRANDOLINA: Le dirò: delle attenzioni ne uso a tutti, e mi rattristo quando penso che non vi sono che ingrati.

CAVALIERE *(con placidezza)*: Io non vi sarò ingrato.

MIRANDOLINA: Con lei non pretendo di acquistar merito, facendo unicamente il mio dovere.

CAVALIERE: No, no, conosco benissimo... Non sono cotanto rozzo quanto voi mi credete. Di me non avrete a dolervi. *(Versa il vino nel bicchiere.)*

MIRANDOLINA: Ma... signore... io non l'intendo.

CAVALIERE *(beve)*: Alla vostra salute.

Le Chevalier. Vous avez bon goût en toute chose.

Mirandoline. Il est vrai que je me trompe rarement.

Le Chevalier. Et cependant cette fois vous vous trompez.

Mirandoline. En quoi, Monsieur ?

Le Chevalier. En croyant que je mérite d'être distingué par vous.

Mirandoline, soupirant. Ah ! Monsieur le Chevalier...

Le Chevalier. Qu'y a-t-il ? *(D'un ton ému.)* Que signifient ces soupirs ?

Mirandoline. Je vais le dire à Monsieur : des attentions j'en ai pour tout le monde, et je m'attriste quand je pense qu'il n'y a que des ingrats.

Le Chevalier, *avec calme.* Je ne serai pas un ingrat pour vous.

Mirandoline. Avec Monsieur je ne prétends pas acquérir du mérite, puisque je ne fais simplement que mon devoir.

Le Chevalier. Non, non, je le vois très bien... Je ne suis pas si rustre que vous le croyez. Vous n'aurez pas à vous plaindre de moi. *(Il se verse à boire.)*

Mirandoline. Mais... Monsieur... je ne vous comprends pas.

Le Chevalier. À votre santé. *(Il boit.)*

MIRANDOLINA: Obbligatissima; mi onora troppo.

CAVALIERE: Questo vino è prezioso.

MIRANDOLINA: Il Borgogna è la mia passione.

CAVALIERE: Se volete, siete padrona. *(Le offerisce il vino.)*

MIRANDOLINA: Oh! Grazie, signore.

CAVALIERE: Avete pranzato?

MIRANDOLINA: Illustrissimo sì.

CAVALIERE: Ne volete un bicchierino?

MIRANDOLINA: Io non merito queste grazie.

CAVALIERE: Davvero, ve lo do volentieri.

MIRANDOLINA: Non so che dire. Riceverò le sue finezze.

CAVALIERE *(al Servitore)*: Porta un bicchiere.

MIRANDOLINA: No, no, se mi permette: prenderò questo. *(Prende il bicchiere del Cavaliere.)*

CAVALIERE: Oibò. Me ne sono servito io.

MIRANDOLINA: Beverò le sue bellezze. *(Ridendo.)*

(Il Servitore mette l'altro bicchiere nella sottocoppa.)

CAVALIERE: Eh galeotta! *(Versa il vino.)*

MIRANDOLINA: Ma è qualche tempo che ho mangiato: ho timore che mi faccia male.

MIRANDOLINE. Je vous remercie infiniment : Monsieur me fait trop d'honneur.

LE CHEVALIER. Ce vin est délicieux.

MIRANDOLINE. Le bourgogne est ma passion.

LE CHEVALIER, *lui offrant le verre.* À votre disposition, si cela vous fait plaisir.

MIRANDOLINE. Oh ! merci, Monsieur.

LE CHEVALIER. Avez-vous dîné ?

MIRANDOLINE. Oui, Monsieur.

LE CHEVALIER. En voulez-vous un petit verre ?

MIRANDOLINE. Je ne mérite pas cette faveur.

LE CHEVALIER. Je vous l'offre vraiment de bon cœur.

MIRANDOLINE. Je ne sais que répondre. J'accepte la politesse de Monsieur.

LE CHEVALIER, *au DOMESTIQUE.* Donne-moi un verre.

MIRANDOLINE, *prenant le verre du CHEVALIER.* Non, non, c'est inutile ; si Monsieur le permet, je prendrai celui-ci.

LE CHEVALIER. Non pas ; je m'en suis servi.

MIRANDOLINE, *riant.* Je boirai à vos qualités.

(*Le DOMESTIQUE dépose un autre verre sur le plateau.*)

LE CHEVALIER. Eh ! friponne. *(Il lui verse à boire.)*

MIRANDOLINE. Mais... il y a quelque temps que j'ai mangé ; j'ai peur que le vin me fasse mal.

CAVALIERE: Non vi è pericolo.

MIRANDOLINA: Se mi favorisse un bocconcino di pane...

CAVALIERE: Volentieri. Tenete. *(Le dà un pezzo di pane.)*

(Mirandolina col bicchiere in una mano, e nell'altra il pane, mostra di stare a disagio, e non saper come fare la zuppa.)

CAVALIERE: Voi state in disagio. Volete sedere?

MIRANDOLINA: Oh! Non son degna di tanto, signore.

CAVALIERE: Via, via, siamo soli. *(Al Servitore.)* Portale una sedia.

SERVITORE *(da sé)*: (Il mio padrone vuol morire: non ha mai fatto altrettanto.) *(Va a prendere la sedia.)*

MIRANDOLINA: Se lo sapessero il signor Conte ed il signor Marchese, povera me!

CAVALIERE: Perché?

MIRANDOLINA: Cento volte mi hanno voluto obbligare a bere qualche cosa, o a mangiare, e non ho mai voluto farlo.

CAVALIERE: Via, accomodatevi.

MIRANDOLINA: Per obbedirla. *(Siede, e fa la zuppa nel vino.)*

CAVALIERE *(al Servitore)*: Senti. *(Piano.)* (Non lo dire a nessuno, che la padrona sia stata a sedere alla mia tavola.)

SERVITORE *(piano)*: Non dubiti. *(Da sé.)* (Questa novità mi sorprende.)

Le Chevalier. Il n'y a pas de danger.

Mirandoline. Si Monsieur veut bien me donner une toute petite bouchée de pain.

Le Chevalier. Volontiers ; tenez... *(Il lui donne un morceau de pain. Mirandoline, le verre dans une main et le pain dans l'autre, indique qu'elle n'est pas à son aise pour tremper son pain.)* Vous êtes embarrassée ? Voulez-vous vous asseoir ?

Mirandoline. Oh ! Monsieur, je ne mérite pas un pareil honneur.

Le Chevalier. Allons, allons ! nous sommes seuls. *(Au Domestique.)* Donne-lui une chaise.

Le Domestique, *à part.* Mon maître n'y est plus : il n'en a jamais fait autant. *(Il va chercher la chaise.)*

Mirandoline. Si Monsieur le Comte et Monsieur le Marquis le savaient, pauvre de moi !

Le Chevalier. Pourquoi ?

Mirandoline. Cent fois ils ont voulu me forcer à boire ou à manger quelque chose, et je n'ai jamais voulu.

Le Chevalier. Allons, asseyez-vous.

Mirandoline. Par obéissance. *(Elle s'assied et trempe son pain dans le vin.)*

Le Chevalier, *bas au Domestique.* Écoute. Ne dis à personne que la patronne s'est assise à ma table.

Le Domestique. Que Monsieur ne craigne rien. *(À part.)* Ce changement me surprend.

MIRANDOLINA: Alla salute di tutto quello che dà piacere al signor Cavaliere.

CAVALIERE: Vi ringrazio, padroncina garbata.

MIRANDOLINA: Di questo brindisi alle donne non ne tocca.

CAVALIERE: No? Perché?

MIRANDOLINA: Perché so che le donne non le può vedere.

CAVALIERE: È vero, non le ho mai potute vedere.

MIRANDOLINA: Si conservi sempre così.

CAVALIERE: Non vorrei... *(Si guarda dal Servitore.)*

MIRANDOLINA: Che cosa, signore?

CAVALIERE: Sentite. *(Le parla nell'orecchio.)* (Non vorrei che voi mi faceste mutar natura.)

MIRANDOLINA: Io, signore? Come?

CAVALIERE *(al Servitore)*: Va via.

SERVITORE: Comanda in tavola?

CAVALIERE: Fammi cucinare due uova, e quando son cotte, portale.

SERVITORE: Coma le comanda le uova?

CAVALIERE: Come vuoi, spicciati.

MIRANDOLINE. À la santé de tout ce qui fait plaisir à Monsieur le Chevalier.

LE CHEVALIER. Je vous remercie,, gracieuse petite patronne.

MIRANDOLINE. Ce n'est pas une femme à porter un toast pareil.

LE CHEVALIER. Non ? Et pourquoi ?

MIRANDOLINE. Parce que je sais que Monsieur ne peut pas sentir les femmes.

LE CHEVALIER. C'est vrai, je n'ai jamais pu les sentir.

MIRANDOLINE. Que Monsieur reste toujours ainsi.

LE CHEVALIER. Je ne voudrais pas... *(Se méfiant du DOMESTIQUE.)*

MIRANDOLINE. Quoi, Monsieur ?

LE CHEVALIER. Écoutez-moi. *(Lui parlant à l'oreille.)* Je ne voudrais pas que vous me fassiez changer de caractère.

MIRANDOLINE. Moi, Monsieur ? Et comment ?

LE CHEVALIER, *au* DOMESTIQUE. La suite.

LE DOMESTIQUE. Que désire Monsieur ?

LE CHEVALIER. Fais-moi préparer deux œufs et, quand ils seront cuits, apporte-les.

LE DOMESTIQUE. Comment Monsieur désire-t-il les œufs ?

LE CHEVALIER. Comme tu voudras ; mais dépêche-toi.

SERVITORE: Ho inteso. *(Da sé.)* (Il padrone si va riscaldando.) *(Parte.)*

CAVALIERE: Mirandolina, voi siete una garbata giovine.

MIRANDOLINA: Oh signore, mi burla

CAVALIERE: Sentite. Voglio dirvi una cosa vera, verissima, che ritornerà in vostra gloria.

MIRANDOLINA: La sentirò volentieri.

CAVALIERE: Voi siete la prima donna di questo mondo, con cui ho avuto la sofferenza di trattar con piacere.

MIRANDOLINA: Le dirò, signor Cavaliere: non già ch'io meriti niente, ma alle volte si danno questi sangui che s'incontrano. Questa simpatia, questo genio, si dà anche fra persone che non si conoscono. Anch'io provo per lei quello che non ho sentito per alcun altro.

CAVALIERE: Ho paura che voi mi vogliate far perdere la mia quiete.

MIRANDOLINA: Oh via, signor Cavaliere, se è un uomo savio, operi da suo pari. Non dia nelle debolezze degli altri. In verità, se me n'accorgo, qui non ci vengo più. Anch'io mi sento un non so che di dentro, che non ho più sentito; ma non voglio impazzire per uomini, e molto meno per uno che ha in odio le donne; e che forse forse per provarmi,

Le Domestique. J'y vais. *(À part.)* Mon maître s'échauffe. *(Il sort.)*

Le Chevalier. Mirandoline, vous êtes une gracieuse jeune fille.

Mirandoline. Monsieur se moque...

Le Chevalier. Écoutez. Je veux vous dire une chose vraie, absolument vraie, qui vous fait honneur.

Mirandoline. Je l'entendrai avec plaisir.

Le Chevalier. Tous êtes la première femme au monde avec qui j'ai eu la patience de causer avec plaisir.

Mirandoline. Je vais vous dire. Monsieur le Chevalier. Ce n'est pas que j'aie le moindre mérite, mais il y a parfois de ces tempéraments qui s'accordent ensemble. Cette sympathie, ce goût s'établissent même entre des personnes qui ne se connaissent pas. Moi aussi, j'éprouve pour Monsieur ce que je n'ai éprouvé pour personne autre.

Le Chevalier. J'ai peur que vous ne vouliez me faire perdre ma tranquillité.

Mirandoline. Allons donc ! si Monsieur le Chevalier est un homme sage, qu'il agisse en sage : que Monsieur ne tombe pas dans les faiblesses des autres. Vraiment, si je m'aperçois de quelque chose, je ne viens jamais plus ici. Moi aussi, je me sens là un je ne sais quoi que je n'avais encore jamais éprouvé. Mais je ne veux pas me rendre folle à cause des hommes, et encore moins pour quelqu'un qui a les femmes en horreur, et qui peut-être, probablement même, pour me mettre à l'épreuve

e poi burlarsi di me, viene ora con un discorso nuovo a tentarmi. Signor Cavaliere, mi favorisca un altro poco di Borgogna.

CAVALIERE: Eh! Basta... *(Versa il vino in un bicchiere.)*

MIRANDOLINA *(da sé)*: (Sta lì lì per cadere.)

CAVALIERE: Tenete. *(Le dà il bicchiere col vino.)*

MIRANDOLINA: Obbligatissima. Ma ella non beve?

CAVALIERE: Sì, beverò. *(Da sé.)* (Sarebbe meglio che io mi ubbriacassi. Un diavolo scaccerebbe l'altro.) *(Versa il vino nel suo bicchiere.)*

MIRANDOLINA *(con vezzo)*: Signor Cavaliere.

CAVALIERE: Che c'è?

MIRANDOLINA: Tocchi. *(Gli fa toccare il bicchiere col suo.)* Che vivano i buoni amici.

CAVALIERE *(un poco languente)*: Che vivano.

MIRANDOLINA: Viva... chi si vuol bene... senza malizia tocchi!

CAVALIERE: Evviva...

et se moquer ensuite de moi, vient maintenant me tenter parmi discours nouveau. Que Monsieur le Chevalier veuille bien me verser encore un peu de bourgogne.

Le Chevalier. Eh ! Que dites-vous... *(Il verse du vin dans le verre.)*

Mirandoline, *à part.* Il va bientôt succomber.

Le Chevalier. Prenez. *(Il lui donne le verre.)*

Mirandoline. Je vous remercie infiniment ; mais Monsieur ne boit pas ?

Le Chevalier. Si, je vais boire. *(À part.)* Il vaut mieux que je me grise : un diable chassera l'autre. *(Il verse du vin dans son verre.)*

Mirandoline, *d'un ton câlin.* Monsieur le Chevalier ?

Le Chevalier. Quoi donc ?

Mirandoline. Trinquons. *(Elle choque son verre contre celui du Chevalier.)* Vive les bons amis !

Le Chevalier, *sur un ton un peu languissant.* Oui, vive les bons amis !

Mirandoline. Vive... ceux qui s'aiment... sans arrière-pensée : trinquons.

Le Chevalier. Et vive...

Scena Quinta

Il Marchese e detti.

Marchese: Son qui ancor io. E che viva?

Cavaliere *(alterato)*: Come, signor Marchese?

Marchese: Compatite, amico. Ho chiamato. Non c'è nessuno.

Mirandolina: Con sua licenza... *(Vuol andar via.)*

Cavaliere *(A Mirandolina)*: Fermatevi. *(Al Marchese.)* Io non mi prendo con voi cotanta libertà.

Marchese: Vi domando scusa. Siamo amici. Credeva che foste solo. Mi rallegro vedervi accanto alla nostra adorabile padroncina. Ah! Che dite? Non è un capo d'opera?

Mirandolina: Signore, io ero qui per servire il signor Cavaliere. Mi è venuto un poco di male, ed egli mi ha soccorso con un bicchierin di Borgogna.

Marchese *(al Cavaliere)*: È Borgogna quello?

Scène V

Les mêmes et le Marquis

Le Marquis. C'est encore moi. Et vive qui ?

Le Chevalier, *d'un ton fâché*. Et quoi, Monsieur le Marquis ?

Le Marquis. Excusez-moi, mon ami. J'ai appelé : il n'y a personne.

Mirandoline, *qui veut s'en aller*. Avec votre permission.

Le Chevalier, *à Mirandoline*. Restez. (*Au Marquis.*) Je ne prends pas avec vous de pareilles libertés.

Le Marquis. Je vous fais toutes mes excuses. Nous sommes amis : je croyais que vous étiez seul. Je me réjouis de vous voir à côté de notre adorable petite patronne. Eh ! qu'en dites-vous ? N'est-elle pas un chef-d'œuvre ?

Mirandoline. Monsieur, j'étais ici pour servir Monsieur le Chevalier. Je me suis trouvée un peu indisposée, et il m'a soignée avec un petit verre de bourgogne.

Le Marquis, *au Chevalier*. C'est du bourgogne, ce vin-là.

CAVALIERE: Sì, è Borgogna.

MARCHESE: Ma di quel vero?

CAVALIERE: Almeno l'ho pagato per tale.

MARCHESE: Io me n'intendo. Lasciate che lo senta, e vi saprò dire se è, o se non è.

CAVALIERE *(chiama)*: Ehi!

La Locandiera (Acte II - Scène V)
14:50

Le Chevalier. Oui, c'est du bourgogne.

Le Marquis. Mais du vrai ?

Le Chevalier. Du moins je l'ai payé pour tel.

Le Marquis. Moi, je m'y connais. Laissez-moi le goûter, et je vous dirai si c'est du bourgogne authentique.

Le Chevalier, *appelant.* Holà !

Scena Sesta

Il Servitore colle ova, e detti.

CAVALIERE *(al Servitore)*: Un bicchierino al Marchese.

MARCHESE: Non tanto piccolo il bicchierino. Il Borgogna non è liquore. Per giudicarne bisogna beverne a sufficienza.

SERVITORE: Ecco le ova. *(Vuol metterle in tavola.)*

CAVALIERE: Non voglio altro.

MARCHESE: Che vivanda è quella?

CAVALIERE: Ova.

MARCHESE: Non mi piacciono. *(Il Servitore le porta via.)*

MIRANDOLINA: Signor Marchese, con licenza del signor Cavaliere, senta quell'intingoletto fatto colle mie mani.

MARCHESE: Oh sì. Ehi. Una sedia. *(Il Servitore gli reca una sedia e mette il bicchiere sulla sottocoppa.)* Una forchetta.

Scène VI

Les mêmes et le Domestique portant les œufs

Le Chevalier, *au* Domestique. Un petit verre au Marquis.

Le Marquis. Un peu plus grand, le petit verre. Le bourgogne n'est pas une liqueur : pour le bien déguster, il faut en boire sa suffisance.

Le Domestique. Voici les œufs. *(Il veut les mettre sur la table.)*

Le Chevalier. Je ne veux plus rien.

Le Marquis. Quel est ce plat ?

Le Chevalier. Des œufs.

Le Marquis. Je ne les aime pas. *(Le* Domestique *les emporte.)*

Mirandoline. Monsieur le Marquis, avec la permission de Monsieur le Chevalier, goûtez donc ce petit ragoût préparé par moi.

Le Marquis. Avec plaisir. Holà ! Un siège. *(Le* Domestique *lui apporte une chaise et met un verre sur le plateau.)* Une fourchette.

CAVALIERE: Via, recagli una posata. *(Il Servitore la va a prendere.)*

MIRANDOLINA: Signor Cavaliere, ora sto meglio. Me n'anderò. *(S'alza.)*

MARCHESE: Fatemi il piacere, restate ancora un poco.

MIRANDOLINA: Ma signore, ho da attendere a' fatti miei; e poi il signor Cavaliere...

MARCHESE *(al Cavaliere)*: Vi contentate ch'ella resti ancora un poco?

CAVALIERE: Che volete da lei?

MARCHESE: Voglio farvi sentire un bicchierino di vin di Cipro che, da che siete al mondo, non avrete sentito il compagno. E ho piacere che Mirandolina lo senta, e dica il suo parere.

CAVALIERE *(a Mirandolina)*: Via, per compiacere il signor Marchese, restate.

MIRANDOLINA: Il signor Marchese mi dispenserà.

MARCHESE: Non volete sentirlo?

MIRANDOLINA: Un'altra volta, Eccellenza.

CAVALIERE: Via, restate.

MIRANDOLINA *(al Cavaliere)*: Me lo comanda?

CAVALIERE: Vi dico che restiate.

15:55

Le Chevalier. Vite, donne-lui un couvert. *(Le Domestique va prendre le couvert.)*

Mirandoline. Monsieur le Chevalier, je me sens mieux maintenant et je vais m'en aller. *(Elle se lève de table.)*

Le Marquis. Faites-moi le plaisir de rester encore un peu.

Mirandoline. Mais, Monsieur, il faut que je vaque à mes affaires ; et, d'autre part, Monsieur le Chevalier...

Le Marquis, *au* Chevalier. Vous plaît-il qu'elle reste encore un peu ?

Le Chevalier. Qu'attendez-vous d'elle ?

Le Marquis. Je veux vous faire boire un petit verre d'un vin de Chypre dont, depuis que vous êtes au monde, vous n'avez pas goûté le pareil, et je désire que Mirandoline le goûte pour nous donner son avis.

Le Chevalier, *à* Mirandoline. Restez donc, pour faire plaisir à Monsieur le Marquis.

Mirandoline. Monsieur le Marquis voudra bien m'excuser.

Le Marquis. Vous ne voulez pas le goûter ?

Mirandoline. Une autre fois, Excellence.

Le Chevalier. Restez donc.

Mirandoline, *au* Chevalier. Me l'ordonnez-vous ?

Le Chevalier. Je vous dis de rester.

MIRANDOLINA: Obbedisco. *(Siede.)*

CAVALIERE *(da sé)*: (Mi obbliga sempre più.)

MARCHESE *(mangiando)*: Oh che roba! Oh che intingolo! Oh che odore! Oh che sapore!

CAVALIERE *(piano a Mirandolina)*: Il Marchese avrà gelosia, che siate vicina a me.

MIRANDOLINA *(piano al Cavaliere)*: Non m'importa di lui né poco, né molto.

CAVALIERE *(piano a Mirandolina)*: Siete anche voi nemica degli uomini?

MIRANDOLINA *(come sopra)*: Come ella lo è delle donne.

CAVALIERE *(come sopra)*: Queste mie nemiche si vanno vendicando di me.

MIRANDOLINA *(come sopra)*: Come, signore?

CAVALIERE *(come sopra)*: Eh! furba! Voi vedrete benissimo....

MARCHESE: Amico, alla vostra salute. *(Beve il vino di Borgogna.)*

CAVALIERE: Ebbene? Come vi pare?

MARCHESE: Con vostra buona grazia, non val niente. Sentite il mio vin di Cipro.

CAVALIERE: Ma dov'è questo vino di Cipro?

MIRANDOLINE. J'obéis. *(Elle s'assoit.)*

LE CHEVALIER, *à part.* Elle est de plus eu plus' gentille pour moi.

LE MARQUIS, *mangeant.* Quel mets ! Quel ragoût ! Quelle odeur ! Quelle sauce !

LE CHEVALIER, *bas à* MIRANDOLINE. Le Marquis va être jaloux de vous voir si près de moi.

MIRANDOLINE, *bas au* CHEVALIER. Je ne me soucie de lui ni peu ni beaucoup.

LE CHEVALIER. Êtes-vous donc ennemie des hommes ?

MIRANDOLINE. Comme vous l'êtes des femmes.

LE CHEVALIER. Mes ennemies sont en train de se venger de moi.

MIRANDOLINE. Que voulez-vous dire, Monsieur ?

LE CHEVALIER. Ah ! Rusée que vous êtes ! Vous sentez très bien...

LE MARQUIS, *buvant son verre de bourgogne.* À votre santé, cher ami.

LE CHEVALIER. Eh bien ! Comment le trouvez-vous ?

LE MARQUIS. Avec votre permission, il ne vaut rien. Vous verrez mon vin de Chypre : quel nectar !

LE CHEVALIER. Mais où est-il donc, ce vin de Chypre ?

Marchese: L'ho qui, l'ho portato con me, voglio che ce lo godiamo: ma! è di quello. Eccolo. *(Tira fuori una bottiglia assai piccola.)*

Mirandolina: Per quel che vedo, signor Marchese, non vuole che il suo vino ci vada alla testa.

Marchese: Questo? Si beve a gocce, come lo spirito di melissa. Ehi? Li bicchierini. *(Apre la bottiglia.)*

Servitore *(porta de' bicchierini da vino di Cipro.)*

Marchese: Eh, son troppo grandi. Non ne avete di più piccoli? *(Copre la bottiglia colla mano.)*

Cavaliere *(al Servitore)*: Porta quei da rosolio.

Mirandolina: Io credo che basterebbe odorarlo.

Marchese *(lo annusa)*: Uh caro! Ha un odor che consola.

Servitore *(porta tre bicchierini sulla sottocoppa.)*

Marchese *(versa pian piano, e non empie li bicchierini, poi lo dispensa al Cavaliere, a Mirandolina, e l'altro per sé, turando bene la bottiglia) (Bevendo)*: Che nettare! Che ambrosia! Che manna distillata!

Cavaliere *(a Mirandolina, piano)*: Che vi pare di questa porcheria?

Le Marquis. Je l'ai sur moi ; je veux que nous nous en régalions. Ah ! c'est un vin... *(Il tire de sa poche une bouteille très petite.)* Le voici.

Mirandoline. À ce que je vois, Monsieur le Marquis, ne veut pas que son vin nous monte à la tête.

Le Marquis. Ce vin-là ? On le boit à petites gouttes, comme l'élixir de mélisse. Holà ! Donnez des petits verres *(Il débouche la bouteille.)*

(Le Domestique apporte des verres à vin de Chypre.)

Le Marquis. Ces verres sont beaucoup trop grands. Vous n'en avez pas de plus petits ? *(Il couvre le goulot de la bouteille avec la main.)*

Le Chevalier, *au* Domestique. Donne les verres à rossolis.

Mirandoline. Moi, je crois qu'il suffisait de le sentir.

Le Marquis. Ah, mon cher ! *(Flairant la bouteille.)* Il vous a une odeur qui réjouit.

(Le Domestique *porte trois petits verres sur un plateau.)*

Le Marquis, *versant avec beaucoup de précaution, sans remplir les verres. Il en offre un au* Chevalier, *l'autre à* Mirandoline *et garde le dernier pour lui. Il rebouche soigneusement la bouteille, puis il boit.* Quel nectar ! Quelle ambroisie ! C'est de la manne distillée !

Le Chevalier, *bas à* Mirandoline. Que vous semble de cette horreur ?

MIRANDOLINA *(al Cavaliere, piano)*: Lavature di fiaschi.

MARCHESE *(al Cavaliere)*: Ah! Che dite?

CAVALIERE: Buono, prezioso.

MARCHESE: Ah! Mirandolina, vi piace?

MIRANDOLINA: Per me, signore, non posso dissimulare; non mi piace, lo trovo cattivo, e non posso dir che sia buono. Lodo chi sa fingere. Ma chi sa fingere in una cosa, saprà fingere nell'altre ancora.

CAVALIERE *(da sé)*: (Costei mi dà un rimprovero; non capisco il perché.)

MARCHESE: Mirandolina, voi di questa sorta di vini non ve ne intendete. Vi compatisco. Veramente il fazzoletto che vi ho donato, l'avete conosciuto e vi è piaciuto, ma il vin di Cipro non lo conoscete. *(Finisce di bere.)*

MIRANDOLINA *(al Cavaliere, piano)*: Sente come si vanta?

CAVALIERE *(a Mirandolina, piano)*: Io non farei così.

MIRANDOLINA *(come sopra)*: Il di lei vanto sta nel disprezzare le donne.

CAVALIERE *(come sopra)*: E il vostro nel vincere tutti gli uomini.

MIRANDOLINA *(con vezzo, al Cavaliere, piano)*: Tutti no.

La Locandiera (Acte II - Scène VI)
19:00

MIRANDOLINE, *bas au* CHEVALIER. De la rinçure de bouteille.

LE MARQUIS, *au* CHEVALIER. Hein ! Qu'en dites-vous ?

LE CHEVALIER. Bon, parfait.

LE MARQUIS. Et vous, Mirandoline, est-il à votre goût ?

MIRANDOLINE. Moi. Monsieur, je ne sais pas dissimuler ; il ne me plaît pas, je le trouve mauvais et je ne peux pas dire qu'il est bon. J'admire qui sait dissimuler : mais quelqu'un capable de feindre en une circonstance donnée, le pourra aussi dans d'autres.

LE CHEVALIER, *à part*. Cette femme m'inflige un blâme, sans que je comprenne pourquoi.

LE MARQUIS. Mirandoline, vous n'entendez rien à cette sorte de vins. Aussi, je vous excuse. Par contre, vous avez bien apprécié le mouchoir que je vous ai donné et qui vous a plu ; mais vous ne connaissez rien au vin de Chypre. *(Il vide son verre.)*

MIRANDOLINE, *bas au* CHEVALIER. Entendez-vous, comme il se vante ?

LE CHEVALIER, *bas à* MIRANDOLINE. Je ne suis pas comme lui.

MIRANDOLINE. Votre gloriole consiste à mépriser les femmes.

LE CHEVALIER. Et la vôtre à vaincre tous les hommes.

MIRANDOLINE, *d'un ton caressant*. Non, pas tous.

CAVALIERE *(con qualche passione, piano a Mirandolina)*: Tutti sì.

MARCHESE: Ehi? Tre bicchierini politi. *(Al Servitore, il quale glieli porta sopra una sottocoppa.)*

MIRANDOLINA: Per me non ne voglio più.

MARCHESE: No, no, non dubitate: non faccio per voi. *(Mette del vino di Cipro nei tre bicchieri.)* Galantuomo, con licenza del vostro padrone, andate dal Conte d'Albafiorita, e diteglie per parte mia, forte, che tutti sentano, che lo prego di assaggiare un poco del mio vino di Cipro.

SERVITORE: Sarà servito. *(Da sé.) (*Questo non li ubbriaca certo.) *(Parte.)*

CAVALIERE: Marchese, voi siete assai generoso.

MARCHESE: Io? Domandatelo a Mirandolina.

MIRANDOLINA: Oh certamente!

MARCHESE *(a Mirandolina)*: L'ha veduto il fazzoletto il Cavaliere?

MIRANDOLINA: Non lo ha ancora veduto.

MARCHESE *(al Cavaliere)*: Lo vedrete. Questo poco di balsamo me lo salvo per questa sera. *(Ripone la bottiglia con un dito di vino avanzato.)*

MIRANDOLINA: Badi che non gli faccia male, signor Marchese.

MARCHESE *(a Mirandolina)*: Eh! Sapete che cosa mi fa male?

Le Chevalier, *d'un ton un peu passionné.* Si, tous.

Le Marquis, *au Domestique, qui les lui apporte sur un plateau.* Holà ! Trois verres propres.

Mirandoline. Moi, je n'en veux plus.

Le Marquis. Non, non, ne craignez rien, ce n'est pas pour vous que je travaille. *(Il verse du vin dans les trois verres.)* Mon brave homme, avec la permission de votre maître, allez trouver le Comte d'Albafiorata et dites-lui de ma part, tout haut, pour que tout le monde l'entende, que je le prie de goûter un peu de mon vin de Chypre.

Le Domestique. J'obéis à Monsieur le Marquis. *(À part.)* Ce n'est pas ce dé à coudre qui grisera le Comte. *(Il sort.)*

Le Chevalier. Marquis, vous êtes fort généreux.

Le Marquis. Moi ? Demandez-le à Mirandoline.

Mirandoline. Oh ! certainement.

Le Marquis. Le Chevalier a-t-il vu le mouchoir ?

Mirandoline. Pas encore.

Le Marquis, *au Chevalier.* Il faudra le voir. Ce reste de baume, je me le réserve pour ce soir. *(Il replace dans sa poche la bouteille, qui contient encore un doigt de vin.)*

Mirandoline. Monsieur le Marquis fera bien de prendre garde à ce que ce vin ne lui fasse pas de mal.

Le Marquis, *à Mirandoline.* Eh ! Savez-vous quelle chose me fait mal !

MIRANDOLINA: Che cosa?

MARCHESE: I vostri begli ochhi.

MIRANDOLINA: Davvero?

MARCHESE: Cavaliere mio, io sono innamorato di costei perdutamente.

CAVALIERE: Me ne dispiace.

MARCHESE: Voi non avete mai provato amore per le donne. Oh, se lo provaste, compatireste ancora me.

CAVALIERE: Sì, vi compatisco.

MARCHESE: E son geloso come una bestia. La lascio stare vicino a voi, perché so chi siete; per altro non lo soffrirei per centomila doppie.

CAVALIERE *(da sé)*: (Costui principia a seccarmi.)

MIRANDOLINE. Et quoi donc, s'il vous plaît ?

LE MARQUIS. Vos beaux yeux.

MIRANDOLINE. Vraiment ?

LE MARQUIS. Mon cher Chevalier, je suis éperdument amoureux de cette femme.

LE CHEVALIER. Je le regrette.

LE MARQUIS. Vous n'avez jamais été épris d'une femme. Si vous l'aviez été, ah ! pour sûr vous m'excuseriez.

LE CHEVALIER. Mais je vous excuse.

LE MARQUIS. Et avec cela, je suis jaloux comme un tigre. Je la laisse rester près de vous, parce que je sais qui vous êtes : avec un autre, je ne le souffrirais pas pour cent mille pistoles.

LE CHEVALIER, *à part*. Il commence à m'embêter, celui-là.

Scena Settima

Il Servitore con una bottiglia sulla sottocoppa, e detti.

Servitore *(al Marchese)*: Il signor Conte ringrazia V.E., e manda una bottiglia di vino di Canarie.

Marchese: Oh, oh, vorrà mettere il suo vin di Canarie col mio vino di Cipro? Lascia vedere. Povero pazzo! È una porcheria, lo conosco all'odore. *(S'alza e tiene la bottiglia in mano.)*

Cavaliere *(al Marchese)*: Assaggiatelo prima.

Marchese: Non voglio assaggiar niente. Questa è una impertinenza che mi fa il Conte, compagna di tante altre. Vuol sempre starmi al di sopra. Vuol soverchiarmi, vuol provocarmi, per farmi far delle bestialità. Ma giuro al cielo, ne farò una che varrà per cento. Mirandolina, se non lo cacciate via, nasceranno delle cose grandi, sì, nasceranno delle cose grandi. Colui è un temerario. Io son chi sono, e non voglio soffrire simile affronti. *(Parte, e porta via la bottiglia.)*

Scène VII

Les mêmes et le Domestique avec une bouteille sur un plateau

Le Domestique, *au Marquis.* Monsieur le Comte remercie Votre Excellence, et lui envoie cette bouteille de vin des Canaries.

Le Marquis. Oh, oh ! est-ce qu'il oserait comparer son vin des Canaries à mon Chypre ? Faites voir. Le pauvre fou ! *(Il se lève en tenant la bouteille à la main.)* Rien qu'à l'odeur, je vois bien que c'est de la saleté.

Le Chevalier, *au Marquis.* Goûtez-le d'abord.

Le Marquis. Je ne veux rien goûter. C'est une nouvelle impertinence que me fait le Comte, après tant d'autres. Il veut toujours se mettre au-dessus de moi. Il veut me surpasser, me provoquer pour me faire faire des sottises. Mais, j'en prends le ciel à témoin, j'en ferai une qui en vaudra cent. Mirandoline, si vous ne le mettez pas à la porte, il arrivera des choses énormes. Oui, il arrivera des choses énormes. Je suis qui je suis, et je ne veux pas souffrir de tels affronts. *(Il sort en emportant la bouteille.)*

Scena Ottava

Il Cavaliere, Mirandolina ed il Servitore.

CAVALIERE: Il povero Marchese è pazzo.

MIRANDOLINA: Se a caso mai la bile gli facesse male, ha portato via la bottiglia per ristorarsi.

CAVALIERE: È pazzo, vi dico. E voi lo avete fatto impazzire.

MIRANDOLINA: Sono di quelle che fanno impazzare gli uomini?

CAVALIERE *(con affanno)*: Sì, voi siete...

MIRANDOLINA: Signor Cavaliere, con sua licenza. *(S'alza.)*

CAVALIERE: Fermatevi.

MIRANDOLINA *(andando)*: Perdoni; io non faccio impazzire nessuno.

CAVALIERE: Ascoltatemi. *(S'alza, ma resta alla tavola.)*

MIRANDOLINA *(andando)*: Scusi.

Scène VIII

Le Chevalier, Mirandoline *et le* Domestique

Le Chevalier. Ce pauvre Marquis est fou.

Mirandoline. Si par hasard la bile venait à le tourmenter, il a emporté la bouteille pour se remettre.

Le Chevalier. Il est fou, vous dis-je. Et c'est vous qui l'avez rendu fou.

Mirandoline. Suis-je une de ces femmes qui font perdre la tête aux hommes ?

Le Chevalier, *d'un air chagrin.* Oui, vous l'êtes...

Mirandoline, *se levant.* Monsieur le Chevalier, avec votre permission.

Le Chevalier. Restez.

Mirandoline, *s'en allant.* Pardonnez-moi : je ne rends personne fou.

Le Chevalier, *se levant, mais restant à côté de la table.* Écoutez-moi.

Mirandoline, *s'en allant.* Que Monsieur veuille bien m'excuser.

CAVALIERE *(con imperio)*: Fermatevi, vi dico.

MIRANDOLINA *(con alterezza voltandosi)*: Che pretende da me?

CAVALIERE *(si confonde)*: Nulla. Beviamo un altro bicchiere di Borgogna.

MIRANDOLINA: Via signore, presto, presto, che me ne vada.

CAVALIERE: Sedete.

MIRANDOLINA: In piedi, in piedi.

CAVALIERE *(con dolcezza le dà il bicchiere)*: Tenete.

MIRANDOLINA: Faccio un brindisi, e me ne vado subito. Un brindisi che mi ha insegnato mia nonna.

> Viva Bacco, e viva Amore:
>
> L'uno e l'altro ci consola;
>
> Uno passa per la gola,
>
> L'altro va dagli occhi al cuore.
>
> Bevo il vin, cogli occhi poi...
>
> Faccio quel che fate voi.

(Parte.)

Le Chevalier, *d'un ton impérieux.* Restez, vous dis-je.

Mirandoline, *se tournant vers lui, sur un ton fâché.* Que désire Monsieur ?

Le Chevalier, *sur un ton radouci.* Rien ; buvons un autre verre de bourgogne.

Mirandoline. Eh bien ! Monsieur, vite, vite, que je m'en aille.

Le Chevalier. Asseyez-vous.

Mirandoline. Non, je reste debout.

Le Chevalier, *lui donnant le verre, avec douceur.* Prenez.

Mirandoline. Je porte un toast, et je m'en vais sitôt après ; un toast que ma grand-mère m'a enseigné.

>Vive le vin et vive l'amour !
>
>L'un et l'autre nous consolent ;
>
>L'un passe par la bouche,
>
>L'autre va des yeux au cœur.
>
>Je bois le vin ; puis, avec les yeux...
>
>Je fais ce que vous faites vous-même.

(Elle sort.)

Scena Nona

Il Cavaliere, ed il Servitore.

Cavaliere: Bravissima, venite qui: sentite. Ah malandrina! Se nè fuggita. Se n'è fuggita, e mi ha lasciato cento diavoli che mi tormentano.

Servitore *(al Cavaliere)*: Comanda le frutta in tavola?

Cavaliere: Va al diavolo ancor tu. *(Il Servitore parte.)* Bevo il vin, cogli occhi poi, faccio quel che fate voi? Che brindisi misterioso è questo? Ah maladetta, ti conosco. Mi vuoi abbattere, mi vuoi assassinare. Ma lo fa con tanta grazia! Ma sa così bene insinuarsi... Diavolo, diavolo, me la farai tu vedere? No, anderò a Livorno. Costei non la voglio più rivedere. Che non mi venga più tra i piedi. Maledettissime donne! Dove vi sono donne, lo giuro non vi anderò mai più. *(Parte.)*

Scène IX

Le Chevalier, son Domestique.

Le Chevalier. Bravo, bravo ! Venez ici, écoutez-moi. Ah ! la friponne, elle s'est enfuie. Elle s'est enfuie et m'a laissé cent démons qui me tourmentent.

Le Domestique, *au Chevalier.* Faut-il servir le dessert ?

Le Chevalier. Va-t-en au diable, toi aussi ! *(Le Domestique sort.)* Je bois le vin ; puis, avec les yeux... je fais... ce que vous faites vous-même. Quel est ce toast mystérieux ? Ah ! coquine, je te vois venir ! Tu veux me vaincre, tu veux m'assassiner. Mais elle le fait avec tant de grâce ! Mais elle sait si bien s'insinuer... Diable, diable, faudra-t-il en passer par où tu veux ? Non, je vais partir pour Livourne. Je ne veux plus la revoir. Qu'elle ne se présente plus devant moi. Maudites femmes ! Je le jure : là où il y a des femmes, je n'irai jamais plus. *(Il sort.)*

Scena Decima

Camera del Conte.

Il Conte d'Albafiorita, Ortensia e Dejanira.

Conte: Il Marchese di Forlipopoli è un carattere curiosissimo. È nato nobile, non si può negare; ma fra suo padre e lui hanno dissipato, ed ora non ha appena da vivere. Tuttavolta gli piace fare il grazioso.

Ortensia: Si vede che vorrebbe essere generoso, ma non ne ha.

Dejanira: Dona quel poco che può, e vuole che tutto il mondo lo sappia.

Conte: Questo sarebbe un bel carattere per una delle vostre commedie.

Ortensia: Aspetti che arrivi la compagnia, e che si vada in teatro, e può darsi che ce lo godiamo.

Dejanira: Abbiamo noi dei personaggi, che per imitare i caratteri sono fatti a posta.

Scène X

La chambre du Comte

Le Comte d'Albafiorita, Hortense et Déjanire.

Le Comte. Le Marquis de Forlipopoli est un type très curieux. Il est de bonne noblesse, on ne peut le nier ; mais son père et lui ont tout mangé, et aujourd'hui il a à peine de quoi vivre. Cependant il aime à faire le galant.

Hortense. On voit bien qu'il voudrait être généreux, mais qu'il n'en a pas les moyens.

Déjanire. Il donne le peu qu'il peut, et il veut que tout le monde le sache.

Le Comte. Ce serait un beau personnage pour une de vos comédies.

Hortense. Attendez que la troupe soit arrivée et que le théâtre ouvre : vous pouvez être sûr que nous nous paierons sa tête.

Déjanire. Nous avons des acteurs qui semblent créés tout exprès pour imiter tous les types.

CONTE: Ma se volete che ce lo godiamo, bisogna che con lui seguitiate a fingervi dame.

ORTENSIA: Io lo farò certo. Ma Dejanira subito dà di bianco.

DEJANIRA: Mi vien da ridere, quando i gonzi mi credono una signora.

CONTE: Con me avete fatto bene a scoprirvi. In questa maniera mi date campo di far qualche cosa in vostro vantaggio.

ORTENSIA: Il signor Conte sarà il nostro protettore.

DEJANIRA: Siamo amiche, goderemo unitamente le di lei grazie.

CONTE: Vi dirò, vi parlerò con sincerità. Vi servirò, dove potrò farlo, ma ho un certo impegno, che non mi permetterà frequentare la vostra casa.

ORTENSIA: Ha qualche amoretto, signor Conte?

CONTE: Sì, ve lo dirò in confidenza. La padrona della locanda.

ORTENSIA: Capperi! Veramente una gran signora! Mi meraviglio di lei, signor Conte, che si perda con una locandiera!

DEJANIRA: Sarebbe minor male, che si compiacesse d'impiegare le sue finezze per una comica.

La Locandiera (Acte II - Scène X) 183

Le Comte. Mais, si vous voulez que nous nous payons sa tête, il faut continuer à vous faire passer pour des dames auprès de lui.

Hortense. Certainement, je jouerai bien mon rôle, moi ; mais Déjanire se « démaquille » tout de suite.

Déjanire. J'ai toujours envie de rire quand les « poires » me prennent pour une dame.

Le Comte. Vous avez bien fait de vous « démaquiller » avec moi. De cette façon, vous me donnez le moyen de pouvoir faire quelque chose en votre faveur.

Hortense. Monsieur le Comte sera notre protecteur.

Déjanire. Nous sommes amies, nous jouirons ensemble de votre bienveillance.

Le Comte. Il faut que je vous dise : je vais vous parler franchement, mes chères petites. Je vous obligerai comme je pourrai ; mais j'ai un certain engagement qui ne me permettra pas de fréquenter votre maison.

Hortense. Monsieur le Comte a quelque amourette ?

Le Comte. Oui, je vais vous le dire en confidence : la patronne de l'auberge.

Hortense. Diantre ! Une grande dame, en vérité ! Je m'étonne que Monsieur le Comte se soit pris d'une vive passion pour une fille d'auberge.

Déjanire. Il vaudrait mieux que Monsieur le Comte daignât reporter ses bontés sur une femme de théâtre.

CONTE: Il far all'amore con voi altre, per dirvela, mi piace poco. Ora ci siete, ora non ci siete.

ORTENSIA: Non è meglio così, signore? In questa maniera non si eternano le amicizie, e gli uomini non si rovinano.

CONTE: Ma io, tant'è, sono impegnato; le voglio bene, e non la vo' disgustare.

DEJANIRA: Ma che cosa ha di buono costei?

CONTE: Oh! Ha del buono assai.

ORTENSIA: Ehi, Dejanira. È bella, rossa. *(Fa cenno che si belletta.)*

CONTE: Ha un grande spirito.

DEJANIRA: Oh, in materia di spirito, la vorreste mettere con noi?

CONTE: Ora basta. Sia come esser si voglia; Mirandolina mi piace, e se volete la mia amicizia, avete a dirne bene, altrimenti fate conto di non avermi mai conosciuto.

ORTENSIA: Oh signor Conte, per me dico che Mirandolina è una dea Venere.

DEJANIRA: Sì, sì, vero. Ha dello spirito, parla bene.

CONTE: Ora mi date gusto.

La Locandiera (Acte II - Scène X)
27:30

Le Comte. Faire la cour à une actrice me sourit peu, à vous dire vrai. Aujourd'hui vous êtes ici, demain vous n'y êtes plus.

Hortense. N'est-ce pas mieux ainsi, Monsieur ? De cette manière les amitiés ne s'éternisent pas, et les hommes ne se ruinent pas.

Le Comte. En ce qui me concerne, c'est ainsi ; je suis engagé : je l'aime et je ne veux pas lui faire de la peine.

Déjanire. Mais qu'a-t-elle donc de si remarquable ?

Le Comte. Oh ! beaucoup de choses.

Hortense. Hé quoi ! Déjanire. Elle est belle *(faisant le geste de se farder)* et a le teint rosé.

Le Comte. Elle a beaucoup d'esprit.

Déjanire. Voyons ! En ce qui concerne l'esprit, vous ne voudriez pas la comparer à nous.

Le Comte. Ne parlons plus de cela. Quoiqu'il en soit, Mirandoline me plaît et, si vous voulez avoir mon amitié, il faut en dire du bien ; sans quoi faites comme si vous ne m'aviez jamais connu.

Hortense. Oh ! Monsieur le Comte, moi, je dis que Mirandoline est la déesse Vénus.

Déjanire. Oui, oui, c'est vrai. Elle a de l'esprit ; elle s'exprime bien.

Le Comte. Comme cela vous me faites plaisir.

ORTENSIA: Quando non vuol altro, sarà servito.

CONTE *(osservando dentro la scena)*: Oh! Avete veduto quello ch'è passato per sala?

ORTENSIA: L'ho veduto.

CONTE: Quello è un altro bel carattere da commedia.

ORTENSIA: È uno che non può vedere le donne.

DEJANIRA: Oh che pazzo!

ORTENSIA: Avrà qualche brutta memoria di qualche donna.

CONTE: Oibò; non è mai stato innamorato. Non ha mai voluto trattar con donne. Le sprezza tutte, e basta dire che egli disprezza ancora Mirandolina.

ORTENSIA: Poverino! Se mi ci mettessi attorno io, scommetto lo farei cambiare opinione.

DEJANIRA: Veramente una gran cosa! Questa è un'impresa che la vorrei pigliare sopra di me.

CONTE: Sentite, amiche. Così per puro divertimento. Se vi dà l'anima d'innamorarlo, da cavaliere vi faccio un bel regalo.

ORTENSIA: Io non intendo essere ricompensata per questo: lo farò per mio spasso.

HORTENSE. Quand vous en voudrez encore de ce plaisir, on vous en servira.

LE COMTE, *regardant dans la coulisse.* Avez-vous vu celui qui vient de traverser la grande salle ?

HORTENSE. Je l'ai aperçu.

LE COMTE. C'est un autre beau personnage de comédie.

HORTENSE. En quel genre ?

LE COMTE. C'est quelqu'un qui ne peut pas souffrir le beau sexe.

DÉJANIRE. Oh ! quel fou.

HORTENSE. Il aura gardé mauvais souvenir de quelque femme.

LE COMTE. Oh ! que non : il n'a jamais été amoureux d'aucune ; il n'a jamais voulu entrer en relations avec elles. Il les méprise toutes, et il suffit de dire qu'il dédaigne jusqu'à Mirandoline.

HORTENSE. Le pauvre homme ! Si je me mettais après lui, je parie, moi, que je le ferais changer d'opinion.

DÉJANIRE. Voilà bien une grande affaire ! C'est une besogne dont je me chargerais bien volontiers.

LE COMTE. Mes petites amies, écoutez-moi : faites la chose simplement pour vous amuser. Si vous arrivez à le rendre amoureux, foi de galant homme, je vous fais un beau cadeau.

HORTENSE. Je ne veux pas de récompense pour pareille chose : je la ferai pour mon agrément.

Dejanira: Se il signor Conte vuol usarci qualche finezza, non l'ha da fare per questo. Sinché arrivano i nostri compagni, ci divertiremo un poco.

Conte: Dubito che non farete niente.

Ortensia: Signor Conte, ha ben poca stima di noi.

Dejanira: Non siamo vezzose come Mirandolina; ma finalmente sappiamo qualche poco il viver del mondo.

Conte: Volete che lo mandiamo a chiamare?

Ortensia: Faccia come vuole.

Conte: Ehi? Chi è di là?

La Locandiera (Acte II - Scène X)
29:52

Déjanire. Si Monsieur le Comte doit nous faire quelque gentillesse, ce ne sera pas pour ce motif. Jusqu'à l'arrivée de nos camarades, nous nous divertirons un brin.

Le Comte. Je crains fort que vous n'arriviez à rien.

Hortense. Monsieur le Comte a bien peu confiance dans nos talents.

Déjanire. Nous ne sommes pas aussi gracieuses que Mirandoline ; mais, au bout du compte, nous savons quelque peu les façons du monde.

Le Comte. Voulez-vous que je l'envoie chercher ?

Hortense. Faites-en à votre guise.

Le Comte. Holà ! Quelqu'un !

Scena Undicesima

Il Servitore del Conte, e detti.

Conte *(al Servitore)*: Di' al Cavaliere di Ripafratta, che favorisca venir da me, che mi preme di parlargli.

Servitore: Nella sua camera so che non c'è.

Conte: L'ho veduto andar verso la cucina. Lo troverai.

Servitore: Subito. *(Parte.)*

Conte *(da sé)*: (Che mai è andato a far verso la cucina? Scommetto che è andato a strapazzare Mirandolina, perché gli ha dato mal da mangiare.)

Ortensia: Signor Conte, io aveva pregato il signor Marchese che mi mandasse il suo calzolaro, ma ho paura di non vederlo.

Conte: Non pensate altro. Vi servirò io.

Dejanira: A me aveva il signor Marchese promesso un fazzoletto. Ma! ora me lo porta!

Conte: De' fazzoletti ne troveremo.

Scène XI

Les mêmes, le Domestique du Comte

Le Comte, *au Domestique.* Va dire au Chevalier de Ripafratta de vouloir bien venir ici, que j'ai besoin de lui parler.

Le Domestique. Je sais qu'il n'est pas dans sa chambre.

Le Comte. Je l'ai vu se diriger du côté de la cuisine. Tâche de le trouver.

Le Domestique. J'y vais tout de suite. *(Il sort.)*

Le Comte, *à part.* Que diable est-il allé faire du côté de la cuisine ? Je parie qu'il est allé gronder Mirandoline, parce qu'elle lui a donné un mauvais repas.

Hortense. Monsieur le Comte, j'avais prié Monsieur le Marquis de m'envoyer son cordonnier ; mais j'ai bien peur de ne pas le voir venir.

Le Comte. N'y pensez plus : je m'en occuperai, moi.

Déjanire. À moi, Monsieur le Marquis avait promis un mouchoir ; mais il ne me l'apportera pas de sitôt !

Le Comte. Des mouchoirs, nous en trouverons.

DEJANIRA: Egli è che ne avevo proprio di bisogno.

CONTE: Se questo vi gradisce, siete padrona. È pulito. *(Le offre il suo di seta.)*

DEJANIRA: Obbligatissima alle sue finezze.

CONTE: Oh! Ecco il Cavaliere. Sarà meglio che sostenghiate il carattere di dame, per poterlo meglio obbligare ad ascoltarvi per civiltà. Ritiratevi un poco indietro; che, se vi vede, fugge.

ORTENSIA: Come si chiama?

CONTE: Il Cavaliere di Ripafratta, toscano.

DEJANIRA: Ha moglie?

CONTE: Non può vedere le donne.

ORTENSIA *(ritirandosi)*: È ricco?

CONTE: Sì, Molto.

DEJANIRA *(ritirandosi)*: È generoso?

CONTE: Piuttosto.

DEJANIRA: Venga, venga. *(Si ritira.)*

ORTENSIA: Tempo, e non dubiti. *(Si ritira.)*

DÉJANIRE. C'est que j'en ai bien besoin.

LE COMTE, *lui offrant son mouchoir de soie.* Si celui-ci vous plaît, il est à votre disposition. Il n'a pas servi.

DÉJANIRE. Je suis très reconnaissante à Monsieur le Comte de ses aimables attentions.

LE COMTE. Oh ! voici le Chevalier. IL vaut mieux que vous continuiez à jouer le rôle de femmes du monde, pour pouvoir plus facilement l'obliger à vous écouter, par politesse. Mettez-vous un peu en arrière, car, s'il vous aperçoit, il s'enfuit.

HORTENSE. Comment s'appelle-t-il ?

LE COMTE. Le Chevalier de Ripafratta. Il est Toscan.

DÉJANIRE. Est-il marié ?

LE COMTE. Il ne peut pas sentir les femmes.

HORTENSE, *se retirant un peu.* Est-il riche ?

LE COMTE. Oui : très riche.

DÉJANIRE, se retirant un peu. Est-il généreux ?

LE COMTE. Plutôt.

DÉJANIRE. Qu'il vienne, qu'il vienne. *(Elle s'éloigne davantage.)*

HORTENSE. Patience, et comptez sur nous. *(Elle rejoint Déjanire.)*

Scena Dodicesima

Il Cavaliere e detti.

Cavaliere: Conte, siete voi che mi volete?

Conte: Sì; io v'ho dato il presente incomodo.

Cavaliere: Che cosa posso fare per servirvi?

Conte: Queste due dame hanno bisogno di voi. *(Gli addita le due donne, le quali subito s'avanzano.)*

Cavaliere: Disimpegnatemi. Io non ho tempo di trattenermi.

Ortensia: Signor Cavaliere, non intendo di recargli incomodo.

Dejanira: Una parola in grazia, signor Cavaliere.

Cavaliere: Signore mie, vi supplico perdonarmi. Ho un affar di premura.

Ortensia: In due parole vi sbrighiamo.

Dejanira: Due paroline, e non più, signore.

Cavaliere *(da sé)*: (Maledettissimo Conte!)

Scène XII

Les mêmes. Le Chevalier

Le Chevalier. Comte, c'est vous qui m'avez demandé ?

Le Comte. Oui, c'est moi qui vous donne cet ennui.

Le Chevalier. Que puis-je pour vous être agréable ?

Le Comte, *lui montrant les deux femmes, qui s'avancent aussitôt.* Ces deux dames ont besoin de vous.

Le Chevalier. Tirez-moi d'embarras : je n'ai pas le temps de m'arrêter.

Hortense. Monsieur le Chevalier, mon intention n'est pas de vous causer aucun désagrément.

Déjanire. De grâce, un mot, Monsieur le Chevalier.

Le Chevalier. Mesdames, je vous supplie de m'excuser. J'ai une affaire urgente.

Hortense. Deux mots seulement, et nous vous rendons votre liberté.

Déjanire. Deux petits mots, et nous avons fini, Monsieur.

Le Chevalier, *à part.* Trois fois maudit Comte !

CONTE: Caro amico, due dame che pregano, vuole la civiltà che si ascoltino.

CAVALIERE *(alle donne, con serietà)*: Perdonate. In che vi posso servire?

ORTENSIA: Non siete voi toscano, signore?

CAVALIERE: Sì, signora.

DEJANIRA: Avrete degli amici in Firenze?

CAVALIERE: Ho degli amici, e ho de' parenti.

DEJANIRA *(ad Ortensia)*: Sappiate, signore... Amica, principiate a dir voi.

ORTENSIA: Dirò, signor Cavaliere... Sappia che un certo caso...

CAVALIERE: Via, signore, vi supplico. Ho un affar di premura.

CONTE *(partendo)*: Orsù, capisco che la mia presenza vi dà soggezione. Confidatevi con libertà al Cavaliere, ch'io vi levo l'incomodo.

CAVALIERE: No, amico, restate... Sentite.

CONTE: So il mio dovere. Servo di lor signore. *(Parte.)*

Le Comte. Cher ami, la politesse exige que vous écoutiez deux dames qui vous en prient.

Le Chevalier, *aux deux femmes, sur un ton sérieux.* Pardonnez-moi : que puis-je faire pour vous servir ?

Hortense. N'êtes-vous pas Toscan, Monsieur ?

Le Chevalier. Oui, Madame.

Déjanire. Vous avez des amis à Florence ?

Le Chevalier. Des amis et des parents.

Déjanire. Apprenez, Monsieur... *(À Hortense.)* Chère amie, commencez à expliquer au Chevalier...

Hortense. Je vais vous dire, Monsieur le Chevalier... Sachez qu'une certaine circonstance...

Le Chevalier. Faites vite, Madame, je vous en supplie. J'ai une affaire urgente.

Le Comte. Allons, Mesdames, je vois que ma présence vous intimide. Confiez-vous librement au Chevalier ; je vous débarrasse de ma personne. *(Il va pour sortir.)*

Le Chevalier. Non, mon ami, restez... Écoutez-moi...

Le Comte. Je connais mon devoir. Mesdames, votre serviteur. *(Il sort.)*

Scena Tredicesima

Ortensia, Dejanira ed il Cavaliere.

ORTENSIA: Favorisca, sediamo.

CAVALIERE: Scusi, non ho volontà di sedere.

DEJANIRA: Così rustico colle donne?

CAVALIERE: Favoriscano dirmi che cosa vogliono.

ORTENSIA: Abbiamo bisogno del vostro aiuto, della vostra protezione, della vostra bontà.

CAVALIERE: Che cosa vi è accaduto?

DEJANIRA: I nostri mariti ci hanno abbandonate.

CAVALIERE *(con alterezza)*: Abbandonate? Come! Due dame abbandonate? Chi sono i vostri mariti?

DEJANIRA *(ad Ortensia)*: Amica, non vado avanti sicuro.

ORTENSIA *(da sé)*: (È tanto indiavolato, che or ora mi confondo ancor io.)

CAVALIERE *(in atto di partire)*: Signore, vi riverisco.

Scène XIII

Hortense, Déjanire, le Chevalier

Hortense. Faites-nous le plaisir de vous asseoir.

Le Chevalier. Veuillez m'excuser : je n'en ai pas envie.

Déjanire. Si impoli avec les femmes ?

Le Chevalier. Faites-moi le plaisir de me dire ce que vous voulez.

Hortense. Nous avons besoin de votre appui, de votre protection, de vos bons offices.

Le Chevalier. Que vous est-il donc arrivé ?

Déjanire. Nos maris nous ont abandonnées.

Le Chevalier, *avec colère*. Abandonnées ? Comment, deux dames abandonnées ? Qui sont vos maris ?

Déjanire, *à* Hortense. Mon amie, je ne continue pas, pour sûr.

Hortense, *à part*. Il est si fort en colère, que, moi aussi, je m'y embrouille.

Le Chevalier, *sur le point de s'en aller*. Mesdames, je vous salue.

ORTENSIA: Come! Così ci trattate?

DEJANIRA: Un cavaliere tratta così?

CAVALIERE: Perdonatemi. Io son uno che ama assai la mia pace. Sento due dame abbandonate dai loro mariti. Qui ci saranno degl'impegni non pochi; io non sono atto a' maneggi. Vivo a me stesso. Dame riveritissime, da me non potete sperare né consiglio, né aiuto.

ORTENSIA: Oh via, dunque; non lo tenghiamo più in soggezione il nostro amabilissimo Cavaliere.

DEJANIRA: Sì, parliamogli con sincerità.

CAVALIERE: Che nuovo linguaggio è questo?

ORTENSIA: Noi non siamo dame.

CAVALIERE: No?

DEJANIRA: Il signor Conte ha voluto farvi uno scherzo.

CAVALIERE: Lo scherzo è fatto. Vi riverisco. *(Vuol partire.)*

ORTENSIA: Fermatevi un momento.

CAVALIERE: Che cosa volete?

DEJANIRA: Degnateci per un momento della vostra amabile conversazione.

CAVALIERE: Ho che fare. Non posso trattenermi.

ORTENSIA: Non vi vogliamo già mangiar niente.

Hortense. Comment ! Nous traiter ainsi.

Déjanire. Un gentilhomme agir de la sorte !

Le Chevalier. Veuillez m'excuser. Je suis quelqu'un qui aime beaucoup sa tranquillité : il s'agit de deux dames abandonnées de leurs maris. Il n'y aura pas peu d'ennuis dans votre affaire, et je ne suis pas né pour débrouiller les histoires compliquées. Je vis pour moi-même. Donc, mes très révérées dames, de moi vous ne pouvez espérer ni aide ni conseil.

Hortense. Allons, finissons-en ; cessons de causer de l'inquiétude à notre très aimable Chevalier.

Déjanire. Oui, parlons-lui franchement.

Le Chevalier. Quel est ce nouveau langage ?

Hortense. Nous ne sommes pas des clames.

Le Chevalier. Vous n'êtes pas des femmes du monde ?

Déjanire. Monsieur le Comte a voulu vous faire une plaisanterie.

Le Comte. La plaisanterie est faite. Je vous salue bien. *(Sur le point de sortir.)*

Hortense. Arrêtez-vous un instant.

Le Chevalier. Que voulez-vous ?

Déjanire. Faites-nous l'honneur pour un moment de votre aimable conversation.

Le Chevalier. J'ai à faire ; je n'ai pas le temps de m'arrêter.

Hortense. Nous ne vous mangerons pas.

DEJANIRA: Non vi leveremo la vostra reputazione.

ORTENSIA: Sappiamo che non potete vedere le donne.

CAVALIERE: Se lo sapete, l'ho caro. Vi riverisco. *(Vuol partire.)*

ORTENSIA: Ma sentite: noi non siamo donne che possano darvi ombra.

CAVALIERE: Chi siete?

ORTENSIA: Diteglielo voi, Dejanira.

DEJANIRA: Glielo potete dire anche voi.

CAVALIERE: Via, chi siete?

ORTENSIA: Siamo due commedianti.

CAVALIERE: Due commedianti! Parlate, parlate, che non ho più paura di voi. Son ben prevenuto in favore dell'arte vostra.

ORTENSIA: Che vuol dire? Spiegatevi.

CAVALIERE: So che fingete in iscena e fuor di scena; e con tal prevenzione non ho paura di voi.

DEJANIRA: Signore, fuori di scena io non so fingere.

CAVALIERE *(a Dejanira)*: Come si chiama ella? La signora Sincera?

DEJANIRA: Io mi chiamo...

Déjanire. Nous ne vous perdrons pas de réputation.

Hortense. Nous savons que vous ne pouvez pas souffrir les femmes.

Le Chevalier. Si vous le savez, j'en suis enchanté. Je vous salue. *(Il veut sortir.)*

Hortense. Mais écoutez ; nous ne sommes pas des femmes dont vous puissiez prendre ombrage.

Le Chevalier. Qui donc êtes-vous ?

Hortense. Apprenez-le lui, Déjanire.

Déjanire. Dites-le lui vous-même

Le Chevalier. Allons, qui êtes-vous ?

Hortense. Nous sommes deux actrices.

Le Chevalier. Deux actrices ! Continuez, continuez, car je n'ai pas peur de vous. Je suis bien prévenu en faveur de votre duplicité.

Hortense. Expliquez-vous. Que voulez-vous dire ?

Le Chevalier. Je sais que vous jouez la comédie sur la scène et à la ville ; ainsi averti, je n'ai pas peur de vous.

Déjanire. Hors du théâtre, Monsieur, je ne sais pas jouer la comédie.

Le Chevalier, *à Déjanire.* Comment vous appelez-vous ? Madame Sincère, sans doute ?

Déjanire. Je m'appelle...

CAVALIERE *(ad Ortensia)*: È ella la signora Buonalana?

ORTENSIA: Caro signor Cavaliere...

CAVALIERE *(ad Ortensia)*: Come si diletta di miccheggiare?

ORTENSIA: Io non sono...

CAVALIERE *(a Dejanira)*: I gonzi come li tratta, padrona mia?

DEJANIRA: Non son di quelle...

CAVALIERE: Anch'io so parlar in gergo.

ORTENSIA: Oh che caro signor Cavaliere! *(Vuol prenderlo per un braccio.)*

CAVALIERE: Basse le cere. *(Dandole nelle mani.)*

ORTENSIA: Diamine! Ha più del contrasto, che del Cavaliere.

CAVALIERE: Contrasto vuol dire contadino. Vi ho capito. E vi dirò che siete due impertinenti.

DEJANIRA: A me questo?

ORTENSIA: A una donna della mia sorte?

CAVALIERE *(ad Ortensia)*: Bello quel viso trionfato!

ORTENSIA: (Asino!) *(Parte.)*

CAVALIERE *(a Dejanira)*: Bello quel tuppè finto!

DEJANIRA: (Maledetto.) *(Parte.)*

La Locandiera (Acte II - Scène XIII)
36:02

Le Chevalier, *à* Hortense. Et vous ? Madame Bonnelaine, n'est-ce-pas ?

Hortense. Monsieur le Chevalier...

Le Chevalier. Comme vous avez plaisir à plumer les gens !

Hortense. Je ne suis pas...

Le Chevalier, *à* Déjanire. Et les « poires », comment les traitez-vous, chère Madame ?

Déjanire. Je ne suis pas de celles...

Le Chevalier. Moi aussi, je parle votre argot, vous voyez.

Hortense, *qui veut le prendre par un bras.* Oh ! ce cher Chevalier !

Le Chevalier, *lui donnant sur les doigts.* Bas les pattes !

Hortense. Diantre ! Il a plus du « Huron » que du gentilhomme.

Le Chevalier. « Huron » veut dire rustaud. Je vous ai bien comprises, et j'ajoute que vous êtes deux impertinentes.

Déjanire. À moi parler ainsi ?

Hortense. À une femme de ma sorte !

Le Chevalier, *à* Hortense. Oh ! le beau museau fardé.

Hortense. Imbécile ! *(Elle sort.)*

Le Chevalier, *à* Déjanire. Oh ! le beau toupet postiche.

Déjanire. Misérable ! *(Elle sort.)*

Scena Quattordicesima

Il Cavaliere, poi il di lui Servitore.

CAVALIERE: Ho trovata ben io la maniera di farle andare. Che si pensavano? Di tirarmi nella rete? Povere sciocche! Vadano ora dal Conte e gli narrino la bella scena. Se erano dame, per rispetto mi conveniva fuggire; ma quando posso, le donne le strapazzo col maggior piacere del mondo. Non ho però potuto strapazzar Mirandolina. Ella mi ha vinto con tanta civiltà, che mi trovo obbligato quasi ad amarla. Ma è donna; non me ne voglio fidare. Voglio andar via. Domani anderò via. Ma se aspetto a domani? Se vengo questa sera a dormir a casa, chi mi assicura che Mirandolina non finisca a rovinarmi? *(Pensa.)* Sì; facciamo una risoluzione da uomo.

SERVITORE: Signore.

CAVALIERE: Che cosa vuoi?

SERVITORE: Il signor Marchese è nella di lei camera che l'aspetta, perché desidera di parlargli.

Scène XIV

Le Chevalier, puis son Domestique

Le Chevalier. J'ai trouvé la bonne manière de les faire partir.. Qu'espéraient-elles ? Me prendre dans leurs filets ? Pauvres sottes ! Qu'elles aillent maintenant trouver le Comte, et qu'elles lui racontent la jolie scène. Si elles avaient été des dames, par politesse il me convenait de fuir ; mais, quand je peux, je malmène les femmes avec le plus grand plaisir du monde Cependant, je n'ai pas pu malmener Mirandoline : elle m'a vaincu par tant de civilité, et je me trouve presque obligé de l'aimer. Mais elle est femme, et je ne veux pas me fier à elle. Je veux m'en aller. Je partirai demain. Oui, mais si j'attends à demain, si je passe encore la nuit ici, qui m'assure que Mirandoline ne finira pas par me subjuguer complètement ? *(Pensif.)* C'est cela : prenons une résolution virile.

Le Domestique. Monsieur ?

Le Chevalier. Que veux-tu ?

Le Domestique. Monsieur le Marquis vous attend dans votre chambre ; il veut vous parler.

CAVALIERE: Che vuole codesto pazzo? Denari non me ne cava più di sotto. Che aspetti, e quando sarà stracco di aspettare, se n'anderà. Va dal cameriere della locanda e digli che subito porti il mio conto.

SERVITORE: Sarà obbedita. *(In atto di partire.)*

CAVALIERE: Senti. Fa che da qui a due ore siano pronti i bauli.

SERVITORE: Vuol partire forse?

CAVALIERE: Sì, portami qui la spada ed il cappello, senza che se n'accorga il Marchese.

SERVITORE: Ma se mi vede fare i bauli?

CAVALIERE: Dica ciò che vuole. M'hai inteso.

SERVITORE *(da sé)*: (Oh, quanto mi dispiace andar via, per causa di Mirandolina!) *(Parte.)*

CAVALIERE: Eppure è vero. Io sento nel partir di qui una dispiacenza nuova, che non ho mai provata. Tanto peggio per me, se vi restassi. Tanto più presto mi conviene partire. Sì, donne, sempre più dirò male di voi; sì, voi ci fate del male, ancora quando ci volete fare del bene.

Le Chevalier. Que me veut ce fou ? De l'argent ? Il ne m'en soutirera plus. Qu'il attende, et quand il sera fatigué d'attendre, qu'il s'en aille. Va trouver le garçon de l'auberge, et dis-lui de m'apporter mon compte tout de suite.

Le Domestique, *sur le point de sortir.* Je cours exécuter l'ordre de Monsieur le Chevalier.

Le Chevalier. Écoute. Arrange-toi pour que les malles soient prêtes dans deux heures.

Le Domestique. Monsieur veut peut-être partir ?

Le Chevalier. Oui. Apporte-moi ici mon épée et mon chapeau, sans que le Marquis s'en aperçoive.

Le Domestique. Mais s'il me voit faire les malles ?

Le Chevalier. Qu'il dise ce qu'il voudra. M'as-tu compris ?

Le Domestique, *à part.* Je suis navré, de quitter Mirandoline. *(Il sort.)*

Le Chevalier. C'est vrai, cependant : j'éprouve à quitter cette maison un chagrin que je n'avais encore jamais ressenti. Ce serait bien pis pour moi, si j'y restais, et il convient d'autant plus d'en partir vite. Oui, femmes, je dirai toujours davantage du mal de vous. Oui, vous nous faites de la peine, alors même que vous voulez nous faire du bien.

Scena Quindicesima
Fabrizio e detto.

Fabrizio: È vero, signore, che vuole il conto?

Cavaliere: Sì, l'avete portato?

Fabrizio: Adesso la padrona lo fa.

Cavaliere: Ella fa i conti?

Fabrizio: Oh, sempre ella. Anche quando viveva suo padre. Scrive e sa far di conto meglio di qualche giovane di negozio.

Cavaliere *(da sé)*: (Che donna singolare è costei!)

Fabrizio: Ma vuol ella andar via così presto?

Cavaliere: Sì, così vogliono i miei affari.

Fabrizio: La prego di ricordarsi del cameriere.

Cavaliere: Portate il conto, e so quel che devo fare.

Fabrizio: Lo vuol qui il conto?

Cavaliere: Lo voglio qui; in camera per ora non ci vado.

Scène XV

Le même, Fabrice

Fabrice. C'est vrai que Monsieur désire son compte ?

Le Chevalier. Parfaitement : l'avez-vous ?

Fabrice. La patronne le fait à l'instant même.

Le Chevalier. C'est elle qui fait les comptes ?

Fabrice. Toujours elle, même quand son père vivait. Elle écrit et sait établir un compte mieux que beaucoup d'employés de commerce.

Le Chevalier, *à part.* Quelle femme singulière !

Fabrice. Monsieur veut donc partir si vite ?

Le Chevalier. Oui, mes affaires l'exigent.

Fabrice. Je prie Monsieur de ne pas oublier le garçon.

Le Chevalier. Je sais ce que j'ai à faire ; apportez-moi d'abord le compte.

Fabrice. Monsieur désire-t-il l'avoir ici ?

Le Chevalier. Oui, ici : je ne vais pas dans ma chambre pour l'instant.

FABRIZIO: Fa bene; in camera sua vi è quel seccatore del signor Marchese. Carino! Fa l'innamorato della padrona; ma può leccarsi le dita. Mirandolina deve esser mia moglie.

CAVALIERE *(alterato)*: Il conto.

FABRIZIO: La servo subito. *(Parte.)*

Fabrice. Monsieur fait bien : dans la chambre de Monsieur se trouve cet ennuyeux de Marquis. Le cher mignon ! Il fait l'amoureux de la patronne ; mais il peut se lécher les doigts : Mirandoline doit être ma femme.

Le Chevalier, *sur un ton de colère.* Mon compte.

Fabrice. Je l'apporte tout de suite. *(Il sort.)*

Scena Sedicesima

Cavaliere *(solo)*: Tutti sono invaghiti di Mirandolina. Non è maraviglia, se ancor io principiava a sentirmi accendere. Ma anderò via; supererò questa incognita forza... Che vedo? Mirandolina? Che vuole da me? Ha un foglio in mano. Mi porterà il conto. Che cosa ho da fare? Convien soffrire quest'ultimo assalto. Già da qui a due ore io parto.

Scène XVI

Le Chevalier

Le Chevalier. Ils sont tous épris de Mirandoline. Ce n'est pas étonnant, puisque, moi-même, je commençais à m'enflammer. Mais je partirai : je triompherai de cette force inconnue… Que vois-je ? Mirandoline ? Que me veut-elle ? Elle tient un papier à la main : elle m'apporte mon compte. Que dois-je faire ? Il faut subir ce dernier assaut. Oui, dans deux heures je serai parti.

Scena Diciassettesima

Mirandolina con un foglio in mano, e detto.

Mirandolina *(mestamente)*: Signore.

Cavaliere: Che c'è, Mirandolina?

Mirandolina *(stando indietro)*: Perdoni.

Cavaliere: Venite avanti.

Mirandolina *(mestamente)*: Ha domandato il suo conto; l'ho servita.

Cavaliere: Date qui.

Mirandolina: Eccolo. *(Si asciuga gli occhi col grembiale, nel dargli il conto.)*

Cavaliere: Che avete? Piangete?

Mirandolina: Niente, signore, mi è andato del fumo negli occhi.

Cavaliere: Del fumo negli occhi? Eh! basta... quanto importa il conto? *(Legge.)* Venti paoli? In quattro giorni un trattamento si generoso: venti paoli?

Mirandolina: Quello è il suo conto.

Scène XVII

Le même, MIRANDOLINE (tenant un papier à la main)

MIRANDOLINE, *sur un ton de tristesse.* Monsieur !

LE CHEVALIER. Qu'est-ce qu'il y a, Mirandoline ?

MIRANDOLINE, *sans s'avancer.* Excusez-moi.

LE CHEVALIER. Approchez-vous.

MIRANDOLINE, tristement Monsieur a demandé son compte : le voici.

LE CHEVALIER. Donnez-le moi.

MIRANDOLINE, *lui donne le compte et s'essuie les yeux avec son tablier.* Le voici, Monsieur.

LE CHEVALIER. Qu'avez-vous ? Vous pleurez ?

MIRANDOLINE. Ce n'est rien, Monsieur ; il m'est entré de la fumée dans les yeux.

LE CHEVALIER. De la fumée dans les yeux ? Eh ! c'est bien... À combien se monte le compte ? *(Il lit.)* Vingt *paoli* ? En quatre jours, après avoir été si bien traité, vingt *paoli* seulement ?

MIRANDOLINE. C'est bien cependant votre compte.

CAVALIERE: E i due piatti particolari che mi avete dato questa mattina, non ci sono nel conto?

MIRANDOLINA: Perdoni. Quel ch'io dono, non lo metto in conto.

CAVALIERE: Me li avete voi regalati?

MIRANDOLINA: Perdoni la libertà. Gradisca per un atto di... *(Si copre, mostrando di piangere.)*

CAVALIERE: Ma che avete?

MIRANDOLINA: Non so se sia il fumo, o qualche flussione di occhi.

CAVALIERE: Non vorrei che aveste patito, cucinando per me quelle due preziose vivande.

MIRANDOLINA: Se fosse per questo, lo soffrirei... volentieri... *(Mostra trattenersi di piangere.)*

CAVALIERE *(da sé)*: (Eh, se non vado via!) Orsù, tenete. Queste sono due doppie. Godetele per amor mio... e compatitemi... *(S'imbroglia.)*

MIRANDOLINA *(senza parlare, cade come svenuta sopra una sedia.)*

CAVALIERE: Mirandolina. Ahimè! Mirandolina. È svenuta. Che fosse innamorata di me? Ma così presto? E perché no? Non sono io innamorato di lei? Cara Mirandolina... Cara? Io cara ad una donna?

La Locandiera (Acte II - Scène XVII)
41:09

LE CHEVALIER. Mais les deux plats spéciaux que vous m'avez donnés ce matin, ils ne sont pas sur le compte.

MIRANDOLINE. Pardon : ce que j'offre, je ne le porte pas en compte.

LE CHEVALIER. Vous me les avez donc offerts ?

MIRANDOLINE. Que Monsieur me pardonne ; qu'il veuille bien accepter comme un acte de... *(Elle se couvre les yeux comme pour pleurer.)*

LE CHEVALIER. Mais qu'avez-vous donc ?

MIRANDOLINE. Je ne sais si c'est la fumée ou quelque inflammation des yeux.

LE CHEVALIER. Je ne voudrais pas que vous eussiez pris du mal, en cuisinant pour moi ces deux excellents plats.

MIRANDOLINE. Si c'était pour cela, je souffrirais mon mal... volontiers... *(Elle semble faire des efforts pour ne pas pleurer.)*

LE CHEVALIER, *à part.* Oh ! si je ne pars pas ! *(Haut.)* Allons, prenez : voici deux pistoles : acceptez-les pour me faire plaisir... et excusez-moi *(Il s'embrouille.)*

*(MIRANDOLINE, sans parler,
tombe comme évanouie sur une chaise.)*

LE CHEVALIER. Mirandoline ! Hélas ! Mirandoline ! Elle est évanouie. Serait-elle amoureuse de moi ? Mais si vite ? Et pourquoi pas ? Ne suis-je pas amoureux d'elle, moi ? Chère Mirandoline... Ma chère ! Moi dire *ma chère* à une femme !

Ma se è svenuta per me. Oh, come tu sei bella! Avessi qualche cosa per farla rinvenire. Io che non pratico donne, non ho spiriti, non ho ampolle. Chi è di là? Vi è nessuno? Presto?.. Anderò io. Poverina! Che tu sia benedetta! *(Parte, e poi ritorna.)*

MIRANDOLINA: Ora poi è caduto affatto. Molte sono le nostre armi, colle quali si vincono gli uomini. Ma quando sono ostinati, il colpo di riserva sicurissimo è uno svenimento. Torna, torna. *(Si mette come sopra.)*

CAVALIERE *(torna con un vaso d'acqua.)*: Eccomi, eccomi. E non è ancor rinvenuta. Ah, certamente costei mi ama. *(La spruzza, ed ella si va movendo.)* Animo, animo. Son qui cara. Non partirò più per ora.

La Locandiera (Acte II - Scène XVII)

Mais elle s'est évanouie à cause de moi. Oh ! comme tu es belle. Si j'avais quelque chose pour la faire revenir à elle ! Moi qui ne fréquente pas les femmes, je n'ai pas de flacon de sels. Holà ! quelqu'un, quelqu'un. Accourez vite... J'irai moi-même. Pauvre petite ! Tu seras heureuse. *(Il sort.)*

MIRANDOLINE, *se levant.* Le voilà tout-à-fait pris Nous avons bien des armes pour triompher des hommes ; mais, quand ils sont entêtés, le coup de grâce le plus sûr est un évanouissement. Il revient, il revient. *(Elle reprend sa première position.)*

LE CHEVALIER, *un verre d'eau à la main.* Me voici, me voici. Elle n'a pas encore repris ses sens. Ah ! pour sûr elle m'aime. *(Il l'asperge d'eau au visage ; elle fait un mouvement.)* En aspergeant d'eau son visage, elle va revenir à elle. Courage, courage ! Je suis là, ma chérie. Je ne pars plus maintenant.

Scena Diciottesima

Il Servitore colla spada e cappello, e detti.

Servitore *(al Cavaliere)*: Ecco la spada ed il cappello.

Cavaliere *(al Servitore, con ira)*: Va via.

Servitore: I bauli...

Cavaliere: Va via, che tu sia maledetto.

Servitore: Mirandolina...

Cavaliere: Va, che ti spacco la testa. *(Lo minaccia col vaso; il Servitore parte.)* E non rinviene ancora? La fronte le suda. Via, cara Mirandolina, fatevi coraggio, aprite gli occhi. Parlatemi con libertà.

Scène XVIII

*Les mêmes,
le* Domestique *avec l'épée et le chapeau du* Chevalier

Le Domestique, *au* Chevalier. Voici l'épée et le chapeau de Monsieur.

Le Chevalier, *sur un ton colère.* Va-t-en.

Le Domestique. Les bagages...

Le Chevalier. Va-t-en au diable !

Le Domestique. Mirandoline...

Le Chevalier, *menaçant le* Domestique *avec le verre.* Va-t-en ou je te casse la tête. *(Le domestique sort.)* Elle est toujours évanouie, hélas ! La sueur perle sur son front. Allons, allons, chère Mirandoline, du courage, ouvrez les yeux : dites-moi ce que vous avez à me dire.

Scena Diciannovesima

Il Marchese ed il Conte, e detti.

Marchese: Cavaliere?

Conte: Amico?

Cavaliere: (Oh maldetti!) *(Va smaniando.)*

Marchese: Mirandolina.

Mirandolina: Oimè! *(S'alza.)*

Marchese: Io l'ho fatta rinvenire.

Conte: Mi rallegro, signor Cavaliere.

Marchese: Bravo quel signore, che non può vedere le donne.

Cavaliere: Che impertinenza?

Conte: Siete caduto?

Cavaliere: Andate al diavolo quanti siete. *(Getta il vaso in terra, e lo rompe verso il Conte ed il Marchese, e parte furiosamente.)*

Conte: Il Cavaliere è diventato pazzo. *(Parte.)*

Scène XIX

Les mêmes, le Marquis, le Comte

Le Marquis. Chevalier !

Le Comte. Mon ami !

Le Chevalier, *à part.* Qu'ils aillent au diable ! *(Il marche en extravagant.)*

Le Marquis. Mirandoline ?

Mirandoline. Ciel ! où suis-je ? *(Elle se met debout.)*

Le Marquis. C'est moi qui l'ai tirée de son évanouissement.

Le Comte. Je suis heureux, Monsieur le Chevalier.

Le Marquis. Bravo, le Monsieur qui ne peut pas voir les femmes !

Le Chevalier. Quelle impertinence !

Le Comte. Vous êtes pincé, vous aussi ?

Le Chevalier, *jette le verre, qui se brise, dans la direction du Comte et du Marquis.* Allez tous au diable ! *(Il sort furieux.)*

Le Comte. Le Chevalier est devenu fou. *(Il sort.)*

MARCHESE: Di questo affronto voglio soddisfazione. *(Parte.)*

MIRANDOLINA: L'impresa è fatta. Il di lui cuore è in fuoco, in fiamme, in cenere. Restami solo, per compiere la mia vittoria, che si renda pubblico il mio trionfo, a scorno degli uomini presuntuosi, e ad onore del nostro sesso.

(Parte.)

45:15

Le Marquis. Je veux avoir raison de cet outrage. *(Il sort.)*

Mirandoline. Le tour est joué. Son cœur est en feu, en flammes, en cendres. Il ne me reste plus, pour que ma victoire soit complète, qu'à rendre mon triomphe public, pour l'honneur de notre sexe et la honte des hommes présomptueux.

(Elle sort.)

ATTO III

Scena Prima

Camera di Mirandolina con tavolino e biancheria da stirare.

Mirandolina, poi Fabrizio.

MIRANDOLINA: Orsù, l'ora del divertimento è passata. Voglio ora badare a' fatti miei. Prima che questa biancheria si prosciughi del tutto, voglio stirarla. Ehi, Fabrizio.

FABRIZIO: Signora.

MIRANDOLINA: Fatemi un piacere. Portatemi il ferro caldo.

FABRIZIO *(con serietà, in atto di partire)*: Signora sì.

MIRANDOLINA: Scusate, se do a voi questo disturbo.

FABRIZIO: Niente, signora. Finché io mangio il vostro pane, sono obbligato a servirvi. *(Vuol partire.)*

ACTE III

Scène Première

La chambre de Mirandoline, avec une table et du linge à repasser

Mirandoline. Allons ! le moment de plaisanter est passé. Il faut maintenant s'occuper des affaires de la maison. Avant que ce linge soit tout à fait sec, je vais le repasser. Holà ! Fabrice.

Fabrice. Madame.

Mirandoline. Faites-moi le plaisir de m'apporter le fer chaud.

Fabrice, *d'un ton sérieux.* Oui, Madame. *(Il se dispose à sortir.)*

Mirandoline. Excusez-moi, si je vous donne ce dérangement.

Fabrice. Ce n'est rien, Madame. Tant que je mange votre pain, je suis obligé de vous servir. *(Il se met en mouvement pour sortir.)*

MIRANDOLINA: Fermatevi; sentite: non siete obbligato a servirmi in queste cose; ma so che per me lo fate volentieri ed io... basta, non dico altro.

FABRIZIO: Per me vi porterei l'acqua colle orecchie. Ma vedo che tutto è gettato via.

MIRANDOLINA: Perché gettato via? Sono forse un'ingrata?

FABRIZIO: Voi non degnate i poveri uomini. Vi piace troppo la nobiltà.

MIRANDOLINA: Uh povero pazzo! Se vi potessi dir tutto! Via, via andatemi a pigliar il ferro.

FABRIZIO: Ma se ho veduto io con questi miei occhi...

MIRANDOLINA: Andiamo, meno ciarle. Portatemi il ferro.

FABRIZIO *(andando)*: Vado, vado, vi servirò, ma per poco.

MIRANDOLINA *(Mmstrando parlar da sé, ma per esser sentita)*: Con questi uomini, più che loro si vuol bene, si fa peggio.

FABRIZIO *(con tenerezza, tornando indietro)*: Che cosa avete detto?

MIRANDOLINA: Via, mi portate questo ferro?

FABRIZIO *(da sé)*: Sì, ve lo porto. (Non so niente. Ora la mi tira su, ora la mi butta giù. Non so niente.) *(Parte.)*

MIRANDOLINE. Un instant, Fabrice ; écoutez-moi. Vous n'êtes pas obligé de me servir pour ces choses-là, mais je sais que pour moi vous le faites volontiers, et moi… cela suffit ; je n'ajoute rien.

FABRICE. Moi, je me jetterais au feu pour vous ; mais je vois bien que cela ne sert à rien, que tout est inutile.

MIRANDOLINE. Pourquoi inutile ? Me prenez-vous pour une ingrate ?

FABRICE. Vous ne vous souciez pas des hommes de mon espèce. Vous aimez trop la noblesse pour cela.

MIRANDOLINE. Pauvre fou ! Ah ! si je pouvais tout vous dire ! Allons, allons, courez me chercher le fer.

FABRICE. Mais puisque j'ai vu, moi, de mes propres yeux…

MIRANDOLINE. C'est bien ; assez de bavardages. Apportez-moi le fer.

FABRICE. On y va, on y va. Je vous servirai, mais pas longtemps. *(Il sort.)*

MIRANDOLINE, *comme se parlant à elle-même, mais de façon à être entendue.* Avec les hommes, plus on leur veut du bien, moins cela sert.

FABRICE, *avec tendresse, revenant sur ses pas.* Qu'avez-vous dit ?

MIRANDOLINE. Eh bien ! m'apportez-vous ce fer ?

FABRICE. Oui, je vous l'apporte. *(À part.)* Je n'y comprends plus rien. Tantôt je me crois au paradis et tantôt en enfer. Je n'y comprends rien du tout. *(Il sort.)*

Scena Seconda

Mirandolina, poi il Servitore del Cavaliere.

MIRANDOLINA: Povero sciocco! Mi ha da servire a suo marcio dispetto. Mi par di ridere a far che gli uomini facciano a modo mio. E quel caro signor Cavaliere, ch'era tanto nemico delle donne? Ora, se volessi, sarei padrona di fargli fare qualunque bestialità.

SERVITORE: Signora Mirandolina.

MIRANDOLINA: Che c'è, amico?

SERVITORE: Il mio padrone la riverisce, e manda a vedere come sta!

MIRANDOLINA: Ditegli che sto benissimo.

SERVITORE: Dice così, che beva un poco di questo spirito di melissa, che le farà assai bene. *(Le dà una boccetta d'oro.)*

MIRANDOLINA: È d'oro questa boccetta?

SERVITORE: Sì signora, d'oro, lo so di sicuro.

Scène II

Mirandoline, puis le Domestique du Chevalier

Mirandoline. Pauvre sot ! Il faut qu'il me serve bon gré mal gré. Cela me fait rire de voir que les hommes font ce que je veux. Et ce cher Chevalier qui était si ennemi des femmes : il ne tiendrait qu'à moi, maintenant, de lui faire faire toutes les sottises du monde.

Le Domestique. Madame Mirandoline.

Mirandoline. Qu'y a-t-il, mon ami ?

Le Domestique. Mon maître vous salue, et m'envoie vous demander comment vous vous portez.

Mirandoline. Dites-lui que je vais parfaitement bien.

Le Domestique. Il a dit que vous buviez un peu de cette essence de mélisse, qui vous fera beaucoup de bien. *(Il lui remet un flacon en or.)*

Mirandoline. Il est en or, ce flacon ?

Le Domestique. Oui, Madame, en or ; j'en suis absolument certain.

MIRANDOLINA: Perché non mi ha dato lo spirito di melissa, quando mi è venuto quell'orribile svenimento?

SERVITORE: Allora questa boccetta egli non l'aveva.

MIRANDOLINA: Ed ora come l'ha avuta?

SERVITORE: Sentite. In confidenza. Mi ha mandato ora a chiamar un orefice, l'ha comprata, e l'ha pagata dodici zecchini; e poi mi ha mandato dallo speziale e comprar lo spirito.

MIRANDOLINA *(ride)*: Ah, ah, ah.

SERVITORE: Ridete?

MIRANDOLINA: Rido, perché mi manda il medicamento, dopo che son guarita del male.

SERVITORE: Sarà buono per un'altra volta.

MIRANDOLINA: Via, ne beverò un poco per preservativo. *(Beve.)* Tenete, ringraziatelo. *(Gli vuol dar la boccetta.)*

SERVITORE: Oh! la boccetta è vostra.

MIRANDOLINA: Come mia?

SERVITORE: Sì. Il padrone l'ha comprata a posta.

MIRANDOLINA: A posta per me?

SERVITORE: Per voi; ma zitto.

MIRANDOLINA: Portategli la sua boccetta, e diteglì che lo ringrazio.

MIRANDOLINE. Pourquoi le Chevalier ne m'a t-il pas donné l'essence de mélisse, lorsque m'est survenu cet horrible évanouissement ?

LE DOMESTIQUE. C'est qu'alors il n'avait pas ce flacon.

MIRANDOLINE. Et comment se l'est-il procuré ?

LE DOMESTIQUE. Je vais vous parler en confidence : il vient de m'envoyer chercher un orfèvre, à qui il a acheté le flacon, qu'il a payé douze sequins ; puis il m'a expédié chez le pharmacien prendre de l'essence de mélisse.

MIRANDOLINE, *riant.* Ah ! Ah ! Ah !

LE DOMESTIQUE. Vous riez ?

MIRANDOLINE. Je ris parce qu'il m'envoie le remède quand je suis guérie du mal.

LE DOMESTIQUE. Il servira pour une autre fois.

MIRANDOLINE. Allons, je vais en boire un peu comme préservatif. *(Elle boit.)* Tenez, remerciez le Chevalier. *(Elle lui tend le flacon.)*

LE DOMESTIQUE. Mais le flacon est pour vous.

MIRANDOLINE. Comment pour moi ?

LE DOMESTIQUE. Oui, mon maître l'a acheté tout exprès.

MIRANDOLINE. Exprès pour moi ?

LE DOMESTIQUE. Exprès pour vous ; mais silence.

MIRANDOLINE. Rapportez-lui son flacon, et dites-lui que je le remercie.

SERVITORE: Eh via.

MIRANDOLINA: Vi dico che gliela portiate, che non la voglio.

SERVITORE: Gli volete fare quest'affronto?

MIRANDOLINA: Meno ciarle. Fate il vostro dovere. Tenete.

SERVITORE: Non occorr'altro. Gliela porterò. *(Da sé.)* (Oh che donna! Ricusa dodici zecchini! Una simile non l'ho più ritrovata, e durerò fatica a trovarla.) *(Parte.)*

Le Domestique. Eh ! quoi.

Mirandoline. Je vous dis de le lui rapporter, parce que je n'en veux pas.

Le Domestique. Vous voulez lui faire un pareil affront ?

Mirandoline. C'est assez bavarder. Faites votre métier : prenez.

Le Domestique. C'est bien : je vais le lui porter. *(À part.)* Quelle femme ! Elle refuse douze sequins ! Je n'ai jamais vu sa pareille, et j'aurai de la peine à la trouver. *(Il sort.)*

Scena Terza

Mirandolina, poi Fabrizio.

MIRANDOLINA: Uh, è cotto, stracotto e biscottato! Ma siccome quel che ho fatto con lui, non l'ho fatto per interesse, voglio ch'ei confessi la forza delle donne, senza poter dire che sono interessate e venali.

FABRIZIO *(sostenuto, col ferro da stirare in mano)*: Ecco qui il ferro.

MIRANDOLINA: È ben caldo?

FABRIZIO: Signora sì, è caldo; così foss'io abbruciato.

MIRANDOLINA: Che cosa vi è di nuovo?

FABRIZIO: Questo signor Cavaliere manda le ambasciate, manda i regali. Il Servitore me l'ha detto.

MIRANDOLINA: Signor sì, mi ha mandato una boccettina d'oro, ed io gliel'ho rimandata indietro.

FABRIZIO: Gliel'avete rimandata indietro?

Scène III

Mirandoline, puis Fabrice

Mirandoline. Ça y est ! Le Chevalier est pincé, bien pincé, ce qui s'appelle complètement- pincé ! Mais comme ma conduite n'avait pas l'intérêt pour mobile, je veux qu'il reconnaisse le pouvoir des femmes, sans qu'il puisse dire qu'elles sont vénales et intéressées.

Fabrice, *d'un ton sérieux, un fer à repasser à la main.* Voici votre fer.

Mirandoline. Est-il bien chaud ?

Fabrice. Oui, Madame, il est chaud. Que ne suis-je aussi brûlant !

Mirandoline. Qu'y a t-il encore ?

Fabrice. Il y a que ce Chevalier vous fait faire des communications, vous envoie des cadeaux. Son domestique me l'a dit.

Mirandoline. Oui, Monsieur, il m'a envoyé un petit flacon en or, et je le lui ai renvoyé.

Fabrice. Vous le lui avez renvoyé ?

MIRANDOLINA: Sì, domandatelo al Servitore medesimo.

FABRIZIO: Perché gliel'avete rimandata indietro?

MIRANDOLINA: Perché... Fabrizio... non dica... Orsù, non parliamo altro.

FABRIZIO: Cara Mirandolina, compatitemi.

MIRANDOLINA: Via, andate, lasciatemi stirare.

FABRIZIO: Io non v'impedisco di fare...

MIRANDOLINA: Andatemi a preparare un altro ferro, e quando è caldo, portatelo.

FABRIZIO: Sì, vado. Credetemi, che se parlo...

MIRANDOLINA: Non dite altro. Mi fate venire la rabbia.

FABRIZIO: Sto cheto. *(Da sé.)* (Ell'è una testolina bizzarra, ma le voglio bene.) *(Parte.)*

MIRANDOLINA: Anche questa è buona. Mi faccio merito con Fabrizio d'aver ricusata la boccetta d'oro del Cavaliere. Questo vuol dir saper vivere, saper fare, saper profittare di tutto, con buona grazia, con pulizia, con un poco di disinvoltura. In materia d'accortezza, non voglio che si dica ch'io faccia torto al sesso. *(Va stirando.)*

MIRANDOLINE. Oui, demandez-le au domestique lui-même.

FABRICE. Pourquoi le lui avez-vous renvoyé ?

MIRANDOLINE. Parce que... Fabrice, il ne faut pas que je vous dise... Allons, restons-en là.

FABRICE. Chère Mirandoline, ayez pitié de moi.

MIRANDOLINE. C'est bien, allez à vos affaires ; laissez-moi repasser ce linge.

FABRICE. Je ne vous empêche pas de travailler.

MIRANDOLINE. Allez me préparer un autre fer et, quand il sera chaud, apportez-le moi.

FABRICE. J'y cours. Croyez-moi, si je parle...

MIRANDOLINE. Pas un mot de plus. Vous me faites devenir enragée.

FABRICE. Je suis muet. *(À part.)* Quelle petite tête bizarre ; mais je l'aime bien tout de même. *(Il sort.)*

MIRANDOLINE. En voilà encore une bonne ! Je me fais un mérite auprès de Fabrice d'avoir refusé le flacon d'or du Chevalier. Cela signifie savoir vivre, savoir faire, savoir- tirer parti de tout, avec bonne grâce, avec gentillesse, avec une certaine désinvolture. En matière de finesse, je ne veux pas que l'on dise que je fais tort à mon sexe. *(Elle se met à repasser.)*

Scena Quarta

Il Cavaliere e detta.

Cavaliere *(da sé, indietro)*: (Eccola. Non ci volevo venire, e il diavolo mi ci ha strascinato!)

Mirandolina *(lo vede colla coda dell'occhio, e stira)*: (Eccolo, eccolo.)

Cavaliere: Mirandolina?

Mirandolina *(stirando)*: Oh signor Cavaliere! Serva umilissima.

Cavaliere: Come state?

Mirandolina *(stirando senza guardarlo)*: Benissimo, per servirla.

Cavaliere: Ho motivo di dolermi di voi.

Mirandolina *(guardandolo un poco)*: Perché, signore?

Cavaliere: Perché avete ricusato una piccola boccettina, che vi ho mandato.

Scène IV

La même, Le Chevalier

Le Chevalier, *à part, du fond de la scène.* La voilà. Je ne voulais pas venir ici, mais le diable m'y a traîné !

Mirandoline, *le regardant du coin de l'œil, tout en continuant à repasser.* Le voici, le voici !

Le Chevalier. Mirandoline !

Mirandoline, *continuant à repasser.* Oh ! Monsieur le Chevalier. Votre très humble servante.

Le Chevalier. Comment allez-vous ?

Mirandoline, *qui repasse, sans le regarder.* Très bien, pour vous servir.

Le Chevalier. J'ai quelque motif de me plaindre de vous.

Mirandoline, qui le regarde un peu. Pourquoi, Monsieur ?

Le Chevalier. Parce que vous avez refusé un tout petit flacon que je vous ai envoyé.

MIRANDOLINA *(stirando)*: Che voleva ch'io ne facessi?

CAVALIERE: Servirvene nelle occorrenze.

MIRANDOLINA *(stirando)*: Per grazia del cielo, non sono soggetta agli svenimenti. Mi è accaduto oggi quello che mi è accaduto mai più.

CAVALIERE: Cara mirandolina... non vorrei esser io stato cagione di quel funesto accidente.

MIRANDOLINA *(stirando)*: Eh sì, ho timore che ella appunto ne sia stata la causa.

CAVALIERE *(con passione)*: Io? Davvero?

MIRANDOLINA *(stirando con rabbia)*: Mi ha fatto bere quel maledetto vino di Borgogna, e mi ha fatto male.

CAVALIERE *(rimane mortificato)*: Come? Possibile?

MIRANDOLINA *(stirando)*: È così senz'altro. In camera sua non ci vengo mai più.

CAVALIERE *(amoroso)*: V'intendo. In camera mia non ci verrete più? Capisco il mistero. Sì, lo capisco. Ma veniteci, cara, che vi chiamerete contenta.

MIRANDOLINA: Questo ferro è poco caldo. Ehi; Fabrizio? se l'altro ferro è caldo, portatelo. *(Forte verso la scena.)*

MIRANDOLINE, *continuant à repasser.* Que voulez-vous que j'en fasse ?

LE CHEVALIER. Vous en servir en cas de besoin.

MIRANDOLINE, *continuant à repasser.* Grâce à Dieu, je ne suis pas sujette aux évanouissements. Il m'est arrivé aujourd'hui ce qui ne m'était encore jamais arrivé !

LE CHEVALIER. Chère Mirandoline... je ne voudrais pas avoir été la cause de ce malheureux accident.

MIRANDOLINE, *continuant à repasser.* Eh ! bien, oui, j'ai peur que précisément Monsieur le Chevalier en ait été la cause.

LE CHEVALIER, *avec passion.* Moi ? Vraiment ?

MIRANDOLINE, *repassant avec rage.* Vous m'avez fait boire de ce maudit vin de bourgogne, et cela m'a fait mal.

LE CHEVALIER, *d'un ton mortifié.* Comment ? Est-il possible ?

MIRANDOLINE, *continuant à repasser.* C'est ainsi et pas autrement. Je n'irai jamais plus dans votre chambre.

LE CHEVALIER, *sur un ton amoureux.* Je vous entends. Vous ne viendrez plus dans ma chambre ? Je comprends le mystère : oui, je le comprends ; mais venez-y, ma chère, et vous en serez content.

MIRANDOLINE. Ce fer n'est pas assez chaud. *(Fort du côté de la coulisse.)* Holà ! Fabrice, si l'autre fer est chaud, apportez-le moi.

CAVALIERE: Fatemi questa grazia, tenete questa boccetta.

MIRANDOLINA *(con disprezzo, stirando)*: In verità, signor Cavaliere, dei regali io non ne prendo.

CAVALIERE: Li avete pur presi dal Conte d'Albafiorita.

MIRANDOLINA *(stirando)*: Per forza. Per non disgustarlo.

CAVALIERE: E vorreste fare a me questo torto? e disgustarmi?

MIRANDOLINA: Che importa a lei, che una donna la disgusti? Già le donne non le può vedere.

CAVALIERE: Ah, Mirandolina! ora non posso dire così.

MIRANDOLINA: Signor Cavaliere, a che ora fa la luna nuova?

CAVALIERE: Il mio cambiamento non è lunatico. Questo è un prodigio della vostra bellezza, della vostra grazia.

MIRANDOLINA *(ride forte, e stira)*: Ah, ah, ah!

CAVALIERE *(stirando)*: Ridete?

MIRANDOLINA: Non vuol che rida? Mi burla, e non vuol ch'io rida?

CAVALIERE: Eh furbetta! Vi burlo eh? Via, prendete questa boccetta.

MIRANDOLINA *(stirando)*: Grazie, grazie.

Le Chevalier. Faites-moi le plaisir d'accepter ce flacon.

Mirandoline, *repassant, avec colère.* En vérité, Monsieur le Chevalier, des cadeaux je n'en accepte pas.

Le Chevalier. Vous avez cependant accepté ceux du Comte d'Albafiorita.

Mirandoline. Par force : pour ne pas le désobliger. *(Elle continue à repasser.)*

Le Chevalier. Et, à moi, vous voudriez faire cette injure et me désobliger ?

Mirandoline. Qu'importe à Monsieur le Chevalier qu'une femme le désoblige, puisqu'il ne peut pas sentir les femmes ?

Le Chevalier. Ah ! Mirandoline, maintenant je ne peux plus palier ainsi.

Mirandoline. Monsieur le Chevalier, à quelle heure se lève la nouvelle lune ?

Le Chevalier. Mon changement ne provient pas de la lune : c'est un miracle de votre beauté, de votre grâce.

Mirandoline, *riant fort et repassant.* Ah ! Ah ! Ah !

Le Chevalier. Vous riez ?

Mirandoline. Monsieur me défend de rire ? Monsieur se moque de moi, et il ne veut pas que je rie ?

Le Chevalier. Eh ! Petite rusée, je me moque de vous, hein ? Allons, prenez ce flacon.

Mirandoline, *repassant.* Merci, merci.

CAVALIERE: Prendetela, o mi farete andare in collera.

MIRANDOLINA *(chiamando forte, con caricatura)*: Fabrizio, il ferro.

CAVALIERE *(alterato)*: La prendete, o non la prendete?

MIRANDOLINA *(prende la boccetta, e con disprezzo la getta nel paniere della biancheria)*: Furia, furia.

CAVALIERE: La gettate così?

MIRANDOLINA *(chiama forte, come sopra)*: Fabrizio!

Le Chevalier. Prenez-le ou vous allez me faire mettre en colère.

Mirandoline, *appelant fort, en charge.* Fabrice ! Le fer.

Le Chevalier, *d'un ton fâché.* Le prenez-vous ou ne le prenez-vous pas ?

Mirandoline. Quelle fureur, quelle fureur ! *(Elle prend le flacon et, d'un air en colère, le jette dans le panier à linge.)*

Le Chevalier. Vous le jetez ainsi ?

Mirandoline, *comme plus haut.* Fabrice !

Scena Quinta

Fabrizio col ferro, e detti.

Fabrizio: Son qua. *(Vedendo il Cavaliere, s'ingelosisce.)*

Mirandolina: È caldo bene? *(Prende il ferro.)*

Fabrizio *(sostenuto)*: Signora sì.

Mirandolina *(a Fabrizio, con tenerezza)*: Che avete, che mi parete turbato?

Fabrizio: Niente, padrona, niente.

Mirandolina *(come sopra)*: Avete male?

Fabrizio: Datemi l'altro ferro, se volete che lo metta nel fuoco.

Mirandolina *(come sopra)*: In verità, ho paura che abbiate male.

Cavaliere: Via, dategli il ferro, e che se ne vada.

Mirandolina *(al Cavaliere)*: Gli voglio bene, sa ella? È il mio cameriere fidato.

Cavaliere *(da sé, smaniando)*: (Non posso più.)

Scène V

Les mêmes, FABRICE avec le fer à repasser

FABRICE. Me voici. *(En apercevant le CHEVALIER, il prend un air jaloux.)*

MIRANDOLINE, *prenant le fer.* Est-il bien chaud ?

FABRICE, *d'un air sérieux.* Oui, Madame.

MIRANDOLINE, *à FABRICE, avec tendresse.* Qu'avez-vous ? Tous paraissez troublé ?

FABRICE. Je n'ai rien, patronne, je n'ai rien.

MIRANDOLINE, *comme plus haut.* Êtes-vous malade ?

FABRICE. Donnez-moi l'autre fer, si vous voulez que je le mette sur le feu.

MIRANDOLINE, *avec tendresse.* Vraiment, j'ai peur que vous ne soyez malade.

LE CHEVALIER. Allons, donnez-lui le fer et qu'il s'en aille.

MIRANDOLINE, *au CHEVALIER.* Je m'intéresse à lui, Monsieur. C'est mon garçon de confiance.

LE CHEVALIER, *à part, en extravagant.* Je n'en puis plus.

MIRANDOLINA *(dà il ferro a Fabrizio)*: Tenete, caro, scaldatelo.

FABRIZIO *(con tenerezza)*: Signora padrona...

MIRANDOLINA: Via, via, presto. *(Lo scaccia.)*

FABRIZIO *(da sé)*: (Che vivere è questo? Sento che non posso più.) *(Parte.)*

MIRANDOLINE, *donnant le fer à* FABRICE. Tenez, mon cher, faites-le chauffer.

FABRICE, *avec tendresse.* Madame la patronne...

MIRANDOLINE, *le faisant sortir.* Allons, allons, vite.

FABRICE, *à part.* Quelle existence ! Je sens que je n'en puis plus. *(Il sort.)*

Scena Sesta

Il Cavaliere e Mirandolina.

CAVALIERE: Gran finezze, signora, al suo cameriere!

MIRANDOLINA: E per questo, che cosa vorrebbe dire?

CAVALIERE: Si vede che ne siete invaghita.

MIRANDOLINA *(stirando)*: Io innamorata di un cameriere? Mi fa un bel complimento, signore; non sono di sì cattivo gusto io. Quando volessi amare, non getterei il mio tempo sì malamente.

CAVALIERE: Voi meritereste l'amore di un re.

MIRANDOLINA *(stirando)*: Del re di spade, o del re di coppe?

CAVALIERE: Parliamo sul serio, Mirandolina, e lasciamo gli scherzi.

MIRANDOLINA *(stirando)*: Parli pure, che io l'ascolto.

CAVALIERE: Non potreste per un poco lasciar di stirare?

Scène VI

Le Chevalier, Mirandoline

Le Chevalier. Vous êtes très aimable, Madame, pour votre domestique !

Mirandoline, *repassant.* Que veut dire Monsieur ?

Le Chevalier. On voit bien que vous en êtes éprise.

Mirandoline, *repassant.* Moi, éprise d'un garçon d'hôtellerie ! Monsieur me fait un joli compliment : je n'ai pas si mauvais goût, moi. Si je voulais aimer quelqu'un, je ne perdrais pas mon temps si bêtement.

Le Chevalier. Vous mériteriez l'amour d'un roi.

Mirandoline, *repassant.* Du roi de pique ou du roi de cœur ?

Le Chevalier. Parlons sérieusement, Mirandoline, et laissons là les plaisanteries.

Mirandoline, *repassant.* Que Monsieur parle donc, je l'écoute.

Le Chevalier. Ne pourriez-vous pas cesser, pour un moment, de repasser ?

MIRANDOLINA: Oh perdoni! Mi preme allestire questa biancheria per domani.

CAVALIERE: Vi preme dunque quella biancheria più di me?

MIRANDOLINA *(stirando)*: Sicuro.

CAVALIERE: E ancora lo confermate?

MIRANDOLINA *(stirando)*: Certo. Perché di questa biancheria me ne ho da servire, e di lei non posso far capitale di niente.

CAVALIERE: Anzi potete dispor di me con autorità.

MIRANDOLINA: Eh, che ella non può vedere le donne.

CAVALIERE: Non mi tormentate più. Vi siete vendicata abbastanza. Stimo voi, stimo le donne che sono della vostra sorte, se pur ve ne sono. Vi stimo, vi amo, e vi domando pietà.

MIRANDOLINA : Sì signore, glielo diremo. *(Stirando in fretta, si fa cadere un manicotto.)*

CAVALIERE *(leva di terra il manicotto, e glielo dà)*: Credetemi...

MIRANDOLINA: Non s'incomodi.

CAVALIERE: Voi meritate di esser servita.

MIRANDOLINA *(ride forte)*: Ah, ah, ah!

MIRANDOLINE. Oh ! pardon, il faut que ce linge soit prêt pour demain.

LE CHEVALIER. Ce linge vous préoccupe donc plus que moi.

MIRANDOLINE. Bien sûr !

LE CHEVALIER. Et vous le confirmez par dessus le marché ?

MIRANDOLINE, *repassant*. Certainement : parce que ce linge doit me servir, et que je ne puis compter en rien sur Monsieur.

LE CHEVALIER. C'est tout le contraire, vous pouvez disposer de moi comme vous voudrez.

MIRANDOLINE. Mais puisque Monsieur ne peut pas sentir les femmes !

LE CHEVALIER. Ne me tourmentez pas davantage. Vous vous êtes assez vengée. Je vous estime, j'estime les femmes qui vous ressemblent, si toutefois il y en a. Je vous estime, je vous aime et j'implore votre pitié.

MIRANDOLINE, *en repassant vivement, elle fait tomber une manchette*. Oui, Monsieur, nous le lui dirons.

LE CHEVALIER, *ramassant la manchette et la lui donnant*. Croyez-moi...

MIRANDOLINE. Que Monsieur ne se donne pas semblable peine...

LE CHEVALIER. Vous méritez d'être servie.

MIRANDOLINE, *riant fort*. Ah ! ah ! ah !

LE CHEVALIER. Vous riez ?

MIRANDOLINE. Je ris parce que Monsieur se moque de moi.

CAVALIERE: Ridete?

MIRANDOLINA: Rido, perché mi burla.

CAVALIERE: Mirandolina, non posso più.

MIRANDOLINA: Le vien male?

CAVALIERE: Sì, mi sento mancare.

MIRANDOLINA: Tenga il suo spirito di melissa. *(Gli getta con disprezzo la boccetta.)*

CAVALIERE: Non mi trattate con tanta asprezza. Credetemi, vi amo, ve lo giuro. *(Vuol prenderle la mano, ed ella col ferro lo scotta.)* Aimè!

MIRANDOLINA: Perdoni: non l'ho fatto apposta.

CAVALIERE: Pazienza! Questo è niente. Mi avete fatto una scottatura più grande.

MIRANDOLINA: Dove, signore?

CAVALIERE: Nel cuore.

MIRANDOLINA *(chiama ridendo)*: Fabrizio.

CAVALIERE: Per carità, non chiamate colui.

MIRANDOLINA: Ma se ho bisogno dell'altro ferro.

CAVALIERE: Aspettate... ma no, chiamerò il mio servitore.

MIRANDOLINA: Eh! Fabrizio... *(Vuol chiamare Fabrizio.)*

Le Chevalier. Mirandoline, je n'en peux plus.

Mirandoline. Monsieur est malade ?

Le Chevalier. Oui, je me sens mourir.

Mirandoline, *lui jetant avec dédain le flacon.* Que Monsieur boive un peu de son essence de mélisse.

Le Chevalier. Ne me traitez pas si durement. Croyez-moi, je vous aime, je vous le jure. *(Il veut lui prendre la main, et elle le brûle avec le fer.)* Oh ! là, là, là ! Oh ! là, là, là !

Mirandoline. Que Monsieur me pardonne ; je ne l'ai pas fait exprès.

Le Chevalier. Patience ! ceci n'est rien : vous m'avez fait une brûlure bien plus forte.

Mirandoline. Où cela, Monsieur ?

Le Chevalier. Au cœur.

Mirandoline, *appelant en riant.* Fabrice !

Le Chevalier. Par pitié, n'appelez pas cet homme !

Mirandoline. Mais puisque j'ai besoin de mon autre fer.

Le Chevalier. Attendez... mais non, je vais appeler mon domestique.

Mirandoline, *appelant.* Fabrice !

CAVALIERE: Giuro al cielo, se viene colui, gli spacco la testa.

MIRANDOLINA: Oh, questa è bella! Non mi potrò servire della mia gente?

CAVALIERE: Chiamate un altro; colui non lo posso vedere.

MIRANDOLINA: Mi pare ch'ella si avanzi un poco troppo, signor Cavaliere. *(Si scosta dal tavolino col ferro in mano.)*

CAVALIERE: Compatitemi... son fuori di me.

MIRANDOLINA: Anderò io in cucina, e sarà contento.

CAVALIERE: No, cara, fermatevi.

MIRANDOLINA *(passeggiando)*: È una cosa curiosa questa.

CAVALIERE *(le va dietro)*: Compatitemi.

MIRANDOLINA *(passeggia)*: Non posso chiamar chi voglio?

CAVALIERE *(le va dietro)*: Lo confesso. Ho gelosia di colui.

MIRANDOLINA *(da sé, passeggiando)*: (Mi vien dietro come un cagnolino.)

CAVALIERE: Questa è la prima volta ch'io provo che cosa sia amore.

MIRANDOLINA *(camminando)*: Nessuno mi ha mai comandato.

LE CHEVALIER. Je jure par le ciel que, si cet homme vient, je lui casse la tête.

MIRANDOLINE. Elle est encore bonne, celle-là ! Je ne pourrai pas me servir de mon personnel ?

LE CHEVALIER. Appelez un autre garçon : celui-là je ne peux pas le voir.

MIRANDOLINE. Il me semble que Monsieur le Chevalier s'approche un peu trop de moi. *(Elle s'éloigne de la table, le fer à la main.)*

LE CHEVALIER. Pardon je suis hors de moi.

MIRANDOLINE. Je vais aller à la cuisine et Monsieur sera content.

LE CHEVALIER. Non, ma chère ; restez.

MIRANDOLINE, *se promenant.* Voilà une chose curieuse.

LE CHEVALIER, *la suivant.* Plaignez-moi

MIRANDOLINE, *même jeu.* Je ne peux pas appeler qui je veux ?

LE CHEVALIER, *même jeu.* Je l'avoue : je suis jaloux de Fabrice.

MIRANDOLINE, *à part, même jeu.* Il me suit comme un petit chien.

LE CHEVALIER. C'est la première fois que je sens ce que c'est que l'amour.

MIRANDOLINE, *marchant plus vite.* Personne ne m'a jamais commandée.

CAVALIERE *(la segue)*: Non intendo di comandarvi: vi prego.

MIRANDOLINA *(voltandosi con alterezza)*: Ma che cosa vuole da me?

CAVALIERE: Amore, compassione, pietà.

MIRANDOLINA: Un uomo che stamattina non poteva vedere le donne, oggi chiede amore e pietà? Non gli abbado, non può essere, non gli credo. *(Da sé.)* (Crepa, schiatta, impara a disprezzar le donne.) *(Parte.)*

Le Chevalier, *la suivant.* Je ne prétends pas vous commander ; je vous supplie.

Mirandoline, *se retournant, avec colère.* Enfin que désire Monsieur ?

Le Chevalier. Amour, compassion, pitié.

Mirandoline. Un homme qui ce matin ne pouvait pas sentir les femmes, et qui implore maintenant amour et pitié ? Je ne m'y laisse pas prendre ; ce n'est pas possible ; je ne vous crois pas. *(À part.)* Qu'il crève, s'il veut ! Qu'il éclate de colère ! Cela lui apprendra à mépriser les femmes ! *(Elle sort.)*

Scena Settima

Cavaliere *(solo)*: Oh maledetto il punto, in cui ho principiato a mirar costei! Son caduto nel laccio, e non vi è più rimedio.

Scène VII

Le Chevalier

Le Chevalier. Maudit soit l'instant où j'ai porté les yeux sur cette femme ! Je suis tombé dans ses filets, et il n'y a plus de remède.

Scena Ottava

Il Marchese e detto.

Marchese: Cavaliere, voi mi avete insultato.

Cavaliere: Compatitemi, fu un accidente.

Marchese: Mi meraviglio di voi.

Cavaliere: Finalmente il vaso non vi ha colpito.

Marchese: Una gocciola d'acqua mi ha macchiato il vestito.

Cavaliere: Torno a dir, compatitemi.

Marchese: Questa è una impertinenza.

Cavaliere: Non l'ho fatto apposta. Compatitemi per la terza volta.

Marchese: Voglio soddisfazione.

Cavaliere: Se non volete compatirmi, se volete soddisfazione, son qui, non ho soggezione di voi.

Marchese *(cangiandosi)*: Ho paura che questa macchia non voglia andar via; questo è quello che mi fa andare in collera.

Scène VIII

Le même, le Marquis

Le Marquis. Chevalier, vous m'avez insulté.

Le Chevalier. Excusez-moi : c'est un pur accident.

Le Marquis. Vous m'étonnez.

Le Chevalier. En fin de compte, le verre ne vous a pas touché.

Le Marquis. Une petite goutte d'eau a taché mon habit.

Le Chevalier. Je vous demande encore pardon.

Le Marquis. C'est une impertinence.

Le Chevalier. Je ne l'ai pas fait exprès. Pour la troisième fois, veuillez nie pardonner.

Le Marquis. Je veux une satisfaction.

Le Chevalier. Si vous ne voulez pas m'excuser, si vous voulez une satisfaction, me voici, je n'ai pas peur de vous.

Le Marquis, *changeant de ton*. Je crains que cette tache ne puisse pas s'enlever : c'est ce qui me met en rage.

CAVALIERE *(con isdegno)*: Quando un cavalier vi chiede scusa, che pretendete di più?

MARCHESE: Se non l'avete fatto a malizia, lasciamo stare.

CAVALIERE: Vi dico, che son capace di darvi qualunque soddisfazione.

MARCHESE: Via, non parliamo altro.

CAVALIERE: Cavaliere malnato.

MARCHESE: Oh questa è bella! A me è passata la collera, e voi ve la fate venire.

CAVALIERE: Ora per l'appunto mi avete trovato in buona luna.

MARCHESE: Vi compatisco, so che male avete.

CAVALIERE: I fatti vostri io non li ricerco.

MARCHESE: Signor inimico delle donne, ci siete caduto eh?

CAVALIERE: Io? Come?

MARCHESE: Sì, siete innamorato...

CAVALIERE: Sono il diavolo che vi porti.

MARCHESE: Che serve nascondersi?..

CAVALIERE: Lasciatemi stare, che giuro al cielo ve ne farò pentire. *(Parte.)*

Le Chevalier, *en colère*. Quand un gentilhomme vous fait des excuses, que prétendez-vous de plus ?

Le Marquis. Si vous ne l'avez pas fait avec intention, restons-en là.

Le Chevalier. Je vous répète que je suis capable de vous donner toute espèce de satisfaction.

Le Marquis. Allons, allons, n'en parlons plus.

Le Chevalier. Gentilhomme mal élevé !

Le Marquis. Ah ! elle est bien bonne. La colère m'est passée et vous vous la faites venir.

Le Chevalier. Justement, vous m'avez trouvé bien luné !

Le Marquis. Je vous excuse, je sais le mal dont vous souffrez.

Le Chevalier. Je ne m'occupe pas de vos affaires.

Le Marquis. Monsieur l'ennemi des femmes, vous êtes pincé, hein ?

Le Chevalier. Moi ? Que voulez-vous dire ?

Le Marquis. Oui, vous êtes amoureux...

Le Chevalier. Que le diable vous emporte !

Le Marquis. À quoi bon s'en cacher...

Le Chevalier. Fichez-moi la paix, car je jure par le ciel de vous en faire repentir *(Il sort.)*

Scena Nona

MARCHESE *(solo)*: È innamorato, si vergogna, e non vorrebbe che si sapesse. Ma forse non vorrà che si sappia, perché ha paura di me; avrà soggezione a dichiararsi per mio rivale. Mi dispiace assaissimo di questa macchia; se sapessi come fare a levarla! Queste donne sogliono avere della terra da levar le macchie. *(Osserva nel tavolino e nel paniere.)* Bella questa boccetta! Che sia d'oro o di princisbech? Eh, sarà di princisbech: se fosse d'oro, non la lascerebbero qui; se vi fosse dell'acqua della regina, sarebbe buona per levar questa macchia. *(Apre, odora e gusta.)* È spirito di melissa. Tant'è tanto sarà buono. Voglio provare.

Scène IX

Le Marquis, seul

Le Marquis. Il est amoureux, il a lion te et il ne voudrait pas que la chose fût connue. Mais peut-être ne veut-il pas qu'on le sache parce qu'il a peur de moi : il craint de se déclarer mon rival. Je suis très ennuyé de cette tache sur la manche de mon habit : si je savais comment faire pour l'enlever ! *(Regardant sur le guéridon et dans le panier.)* Les femmes ont l'habitude d'avoir de la poudre à détacher. Quel joli flacon ! Est-il en or ou en doublé ? S'il était en or, on ne le laisserait pas ici. S'il contenait de l'eau de la Reine, je m'en servirais pour enlever cette tache. *(Il ouvre, sent et goûte.)* C'est de l'essence de mélisse. Quoiqu'il en soit, servons-nous en : je veux essayer.

Scena Decima

Dejanira e detto.

DEJANIRA: Signor Marchese, che fa qui solo? Non favorisce mai?

MARCHESE: Oh signora Contessa. Veniva or ora per riverirla.

DEJANIRA: Che cosa stava facendo?

MARCHESE: Vi dirò. Io sono amantissimo della pulizia. Voleva levare questa piccola macchia.

DEJANIRA: Con che, signore?

MARCHESE: Con questo spirito di melissa.

DEJANIRA: Oh perdoni, lo spirito di melissa non serve, anzi farebbe venire la macchia più grande.

MARCHESE: Dunque, come ho da fare?

DEJANIRA: Ho io un segreto per cavar le macchie.

MARCHESE: Mi farete piacere a insegnarmelo.

DEJANIRA: Volentieri. M'impegno con uno scudo far andar via quella macchia, che non si vedrà nemmeno dove sia stata.

Scène X

Le même, Déjanire

Déjanire. Monsieur le Marquis, que faites-vous ici tout seul ? Vous ne venez donc jamais me voir ?

Le Marquis. Oh ! Madame la Comtesse ! J'allais précisément vous présenter mes hommages.

Déjanire. Que faisiez-vous là ?

Le Marquis. Je vais vous dire : je suis très soucieux de la propreté. Je voulais enlever cette petite tache.

Déjanire. Avec quoi, Monsieur ?

Le Marquis. Avec cette essence de mélisse.

Déjanire. Excusez-moi : l'essence de mélisse ne vaut rien, en ce cas : elle peut même agrandir la tâche.

Le Marquis. Que dois-je faire alors ?

Déjanire. J'ai, moi, un secret pour enlever les taches.

Le Marquis. Vous me ferez le plaisir de me l'enseigner.

Déjanire. Volontiers. Je m'engage, pour un écu, à faire si bien disparaître cette tache qu'on ne verra même pas l'endroit où elle était.

MARCHESE: Vi vuole uno scudo?

DEJANIRA: Sì, signore, vi pare una grande spesa?

MARCHESE: È meglio provare lo spirito di Melissa.

DEJANIRA: Favorisca: è buono quello spirito?

MARCHESE: Prezioso, sentite. *(Le dà la boccetta.)*

DEJANIRA *(assaggiandolo)*: Oh, io ne so fare del meglio.

MARCHESE: Sapete fare degli spiriti?

DEJANIRA: Sì, signore mi diletto di tutto.

MARCHESE: Brava, damina, brava. Così mi piace.

DEJANIRA: Sarà d'oro questa boccetta?

MARCHESE: Non volete? È oro sicuro. *(Da sé.)* (Non conosce l'oro del princisbech.)

DEJANIRA: È sua, signor Marchese?

MARCHESE: È mia, e vostra se comandate.

DEJANIRA: Obbligatissima alle sue grazie. *(La mette via.)*

MARCHESE: Eh! so che scherzate.

DEJANIRA: Come? Non me l'ha esibita?

Le Marquis. Il faut un écu pour cela ?

Déjanire. Oui, Monsieur : cela vous parait cher ?

Le Marquis. Il vaut mieux essayer l'essence de mélisse.

Déjanire. Permettez : est-elle bonne cette essence de mélisse ?

Le Marquis. Excellente. *(Lui donnant le flacon.)* Goûtez vous-même.

Déjanire, *après avoir goûté.* Oh ! moi, j'en sais faire de meilleure.

Le Marquis. Vous savez fabriquer des essences ?

Déjanire. Oui, Monsieur : je me plais à tout.

Le Marquis. Bravo ! chère Madame, bravo : cela me fait plaisir.

Déjanire. Il est en or ce flacon ?

Le Marquis. Comment donc ? Certainement, il est en or. *(À part.)* Elle ne sait pas distinguer l'or du doublé.

Déjanire. Il est à vous, Monsieur le Marquis ?

Le Marquis. Il est à moi, c'est-à-dire à vous, si cela vous fait plaisir.

Déjanire, *prenant le flacon.* Je suis infiniment reconnaissante de votre amabilité.

Le Marquis. Oh ! je sais que vous voulez plaisanter.

Déjanire. Comment ? Vous ne me l'avez donc pas offert ?

MARCHESE: Non è cosa da vostra pari. È una bagattella. Vi servirò di cosa migliore, se ne avete voglia.

DEJANIRA: Oh, mi meraviglio. È anche troppo. La ringrazio, signor Marchese.

MARCHESE: Sentite. In confidenza. Non è oro. È princisbech.

DEJANIRA: Tanto meglio. La stimo più che se fosse oro. E poi, quel che viene dalle sue mani, è tutto prezioso.

MARCHESE: Basta. Non so che dire. servitevi, se vi degnate. *(Da sé.)* (Pazienza! Bisognerà pagarla a Mirandolina. Che cosa può valere? Un filippo?)

DEJANIRA: Il signor Marchese è un cavalier generoso.

MARCHESE: Mi vergogno a regalar queste bagattelle. Vorrei che quella boccetta fosse d'oro.

DEJANIRA: In verità, pare propriamente oro. *(La tira fuori, e la osserva.)* Ognuno s'ingannerebbe.

MARCHESE: È vero, chi non ha pratica dell'oro, s'inganna: ma io lo conosco subito.

DEJANIRA: Anche al peso par che sia oro.

MARCHESE: E pur non è vero.

DEJANIRA: Voglio farla vedere alla mia compagna.

Le Marquis. Ce n'est pas une chose digne de vous : c'est une bagatelle. Je vous offrirai quelque chose de mieux, si vous le voulez bien.

Déjanire. Oh ! je suis enchantée : c'est trop même. Je vous remercie, Monsieur le Marquis.

Le Marquis. Ecoutez : je vous le dis en confidence, il n'est pas en or : c'est du doublé.

Déjanire. Tant mieux. Je l'apprécie davantage que s'il était en or. Et, d'ailleurs, tout ce qui vient des mains de Monsieur le Marquis est précieux.

Le Marquis. Assez, de grâce ; je ne sais que vous dire : prenez-le, si vous voulez bien. *(À part.)* Diantre, il faudra le rembourser à Mirandoline. Qu'est-ce qu'il peut valoir ? Un écu ?

Déjanire. Monsieur le Marquis est un gentilhomme généreux.

Le Marquis. Je rougis d'offrir de pareilles bagatelles. Je voudrais que ce flacon fût en or.

Déjanire, *tirant le flacon de sa poche et le regardant.* On dirait vraiment qu'il est en or. Tout le monde s'y tromperait.

Le Marquis. C'est vrai, celui qui n'a pas l'habitude de l'or, s'y trompe ; mais, moi, je le reconnais tout de suite.

Déjanire. Même au poids, on dirait de l'or.

Le Marquis. Et cependant ce n'en est pas.

Déjanire. Je veux le faire voir à mon amie.

MARCHESE: Sentite, signora Contessa, non la fate vedere a Mirandolina. È una ciarliera. Non so se mi capite.

DEJANIRA: Intendo benissimo. La fo vedere solamente ad Ortensia.

MARCHESE: Alla Baronessa?

DEJANIRA: Sì, sì, alla Baronessa. *(Ridendo parte.)*

Le Marquis. Ecoutez, Madame la Comtesse, ne le montrez pas à Mirandoline : c'est une bavarde. Je ne sais si vous me comprenez.

Déjanire. Je comprends très bien. Je ne le montrerai qu'à mon amie Hortense.

Le Marquis. À la baronne ?

Déjanire, *qui sort en riant.* Oui, oui, à la baronne.

Scena Undicesima

Il Marchese, poi il Servitore del Cavaliere.

MARCHESE: Credo che se ne rida, perché mi ha levato con quel bel garbo la boccettina. Tant'era se fosse stata d'oro. Manco male, che con poco l'aggiusterò. Se Mirandolina vorrà la sua boccetta, gliela pagherò, quando ne avrò.

SERVITORE *(cerca sul tavolo)*: Dove diamine sarà questa boccetta?

MARCHESE: Che cosa cercate, galantuomo?

SERVITORE: Cerco una boccetta di spirito di melissa. La signora Mirandolina la vorrebbe. Dice che l'ha lasciata qui, ma non la ritrovo.

MARCHESE: Era una boccettina di princisbech?

SERVITORE: No signore, era d'oro.

MARCHESE: D'oro?

SERVITORE: Certo che era d'oro. L'ho veduta comprar io per dodici zecchini. *(Cerca.)*

Scène XI

Le Marquis, puis le Domestique du Chevalier

Le Marquis. Je suppose qu'elle rit parce qu'elle m'a enlevé avec bonne grâce le petit flacon. Ce serait la même chose s'il avait été en or. Il faut peu de chose pour la contenter. Si Mirandoline veut son flacon, je le lui paierai, quand j'aurai de l'argent.

Le Domestique, *cherchant sur la table.* Où diable est donc ce flacon ?

Le Marquis. Que cherchez-vous, mon brave ?

Le Domestique. Je cherche un petit flacon d'essence de mélisse. Madame Mirandoline le voudrait. Elle dit qu'elle l'a laissé ici, mais je ne le retrouve pas.

Le Marquis. C'est un petit flacon en doublé ?

Le Domestique. Non, Monsieur, il est en or.

Le Marquis. En or ?

Le Domestique. Certainement qu'il est en or. Je l'ai vu acheter, moi, douze sequins. *(Il continue à chercher.)*

Marchese *(da sé)*: (Oh povero me!) Ma come lasciar così una boccetta d'oro?

Servitore: Se l'è scordata, ma io non la trovo.

Marchese: Mi pare ancora impossibile che fosse d'oro.

Servitore: Era oro, gli dico. L'ha forse veduta V.E.?

Marchese: Io?.. Non ho veduto niente.

Servitore: Basta. Le dirò che non la trovo. Suo danno. Doveva mettersela in tasca. *(Parte.)*

Le Marquis, *à part.* Malheureux que je suis ! *(Haut.)* Mais comment laisser ainsi un flacon en or ?

Le Domestique. On l'a oublié ici, mais je ne le retrouve pas.

Le Marquis. Il me semble encore impossible qu'il soit en or.

Le Domestique. Il est en or, je vous dis. Votre Excellence l'a peut-être vu ?

Le Marquis. Moi ?.. Je n'ai rien vu du tout.

Le Domestique. C'est assez chercher ! Je lui dirai que je ne l'ai pas trouvé. Tant pis pour elle : elle aurait dû le mettre dans sa poche. *(Il sort.)*

Scena Dodicesima

Il Marchese, poi il Conte.

Marchese: Oh povero Marchese di Forlipopoli! Ho donata una boccetta d'oro, che val dodici zecchini, e l'ho donata per princisbech. Come ho da regolarmi in un caso di tanta importanza? Se recupero la boccetta dalla Contessa, mi fo ridicolo presso di lei; se Mirandolina viene a scoprire ch'io l'abbia avuta, è in pericolo il mio decoro. Son cavaliere. Devo pagarla. Ma non ho danari.

Conte: Che dite, signor Marchese, della bellissima novità?

Marchese: Di quale novità?

Conte: Il Cavaliere Selvatico, il disprezzator delle donne, è innamorato di Mirandolina.

Marchese: L'ho caro. Conosca suo malgrado il merito di questa donna; veda che io non m'invaghisco di chi non merita; e peni e crepi per gastigo della sua impertinenza.

Conte: Ma se Mirandolina gli corrisponde?

Scène XII

Le Marquis, puis le Comte

Le Marquis. Ah ! Mon pauvre Marquis de Forlipopoli ! Tu as donné un flacon en or qui vaut douze sequins, et tu l'as donné pour du doublé. Comment dois-je faire en un cas de cette importance ? Si je reprends le flacon à la Comtesse, je me rends ridicule auprès d'elle ; si Mirandoline vient à découvrir que j'ai eu le flacon, mon honneur est en danger. Je suis gentilhomme : je dois le payer ; mais je n'ai pas d'argent.

Le Comte. Que dites-vous, Monsieur le Marquis, de la mirifique nouvelle ?

Le Marquis. Quelle nouvelle ?

Le Comte. Ce sauvage de Chevalier, cet homme qui méprisait les femmes, est amoureux de Mirandoline.

Le Marquis. J'en suis ravi. Qu'il connaisse malgré lui le mérite de cette femme ; qu'il voie que je ne tombe pas amoureux de qui ne le mérite pas ; qu'il souffre et qu'il crève en punition de son impertinence.

Le Comte. Mais si Mirandoline l'aime aussi ?

MARCHESE: Ciò non può essere. Ella non farà a me questo torto. Sa chi sono. Sa cosa ho fatto per lei.

CONTE: Io ho fatto per essa assai più di voi. Ma tutto è gettato. Mirandolina coltiva il Cavaliere di Ripafratta, ha usato verso di lui quelle attenzioni che non ha praticato né a voi, né a me; e vedesi che, colle donne, più che si sa, meno si merita, e che burlandosi esse di che le adora, corrono dietro a chi le disprezza.

MARCHESE: Se ciò fosse vero... ma non può essere.

CONTE: Perché non può essere?

MARCHESE: Vorreste mettere il Cavaliere a confronto di me?

CONTE: Non l'avete veduta voi stesso sedere alla di lui tavola? Con noi ha praticato mai un atto di simile confidenza? A lui biancheria distinta. Servito in tavola prima di tutti. Le pietanze gliele fa ella colle sue mani. I servidori vedono tutto, e parlano. Fabrizio freme di gelosia. E poi quello svenimento, vero o finto che fosse, non è segno manifesto d'amore?

MARCHESE: Come! A lui si fanno gl'intingoli saporiti, e a me carnaccia di bue, e minestra di riso lungo? Sì, è vero, questo è uno strapazzo al mio grado, alla mia condizione.

CONTE: Ed io che ho speso tanto per lei?

Le Marquis. Cela ne se peut pas. Elle ne me fera pas cette injure : elle sait qui je suis ; elle sait ce que j'ai fait pour elle.

Le Comte. J'ai fait pour elle beaucoup plus que vous ; niais tout est perdu. Mirandoline soigne le Chevalier de Ripafratta ; elle a usé à son égard de certaines attentions qu'elle n'a jamais eues ni pour vous ni pour moi : ce qui montre qu'avec les femmes plus on fait, moins on obtient ; qu'elles se moquent de celui qui les adore, pour courir après celui qui les méprise.

Le Marquis. Si c'était vrai... mais ce n'est pas possible.

Le Comte. Pourquoi n'est-ce pas possible ?

Le Marquis. Vous voudriez comparer le Chevalier à moi ?

Le Comte. Ne l'avez-vous pas vue vous-même s'asseoir à la table du Chevalier ? En a-t-elle usé ainsi avec nous ? Pour lui du linge spécial ; sa table est servie la première ; ses repas sont préparés par elle-même. Les domestiques voient tout et ils jasent ; Fabrice frémit de jalousie. Et puis cet évanouissement, qu'il fût vrai ou simulé, n'est-ce pas un signe manifeste d'amour ?

Le Marquis. Comment ? Pour lui on prépare des ragoûts savoureux, et on me donne, à moi, de la mauvaise viande de bœuf et de la soupe de riz commun ? Oui, c'est vrai, ceci est un manquement à mon rang, à ma condition.

Le Comte. Et moi qui ai tant dépensé pour elle !

MARCHESE: Ed io che la regalava continuamente? Le ho fino dato da bere di quel vino di Cipro così prezioso. Il Cavaliere non avrà fatto con costei una minima parte di quello che abbiamo fatto noi.

CONTE: Non dubitate, che anch'egli l'ha regalata.

MARCHESE: Sì? Che cosa le ha donato?

CONTE: Una boccettina d'oro con dello spirito di melissa.

MARCHESE *(da sé)*: (Oimè!) Come lo avete saputo?

CONTE: Il di lui servidore l'ha detto al mio.

MARCHESE *(da sé)*: (Sempre peggio. Entro in un impegno col Cavaliere.)

CONTE: Vedo che costei è un'ingrata; voglio assolutamente lasciarla. Voglio partire or ora da questa locanda indegna.

MARCHESE: Sì, fate bene, andate.

CONTE: E voi che siete un cavaliere di tanta riputazione, dovreste partire con me.

MARCHESE: Ma... dove dovrei andare?

CONTE: Vi troverò io un alloggio. Lasciate pensare a me.

MARCHESE: Quest'alloggio... sarà per esempio...

Le Marquis. Et moi qui lui faisais continuellement des cadeaux ! Je lui ai même donné à boire de mon vin de Chypre si précieux. Le Chevalier n'a pas fait pour cette femme une petite partie de ce que nous avons fait pour elle.

Le Comte. Vous vous trompez, il lui a aussi fait des cadeaux.

Le Marquis. Oui ? Que lui a-t-il donné ?

Le Comte. Un petit flacon en or contenant de l'essence de mélisse.

Le Marquis, *à part.* Qu'entends-je ! *(Haut.)* Comment le savez-vous ?

Le Comte. Son domestique l'a dit au mien.

Le Marquis, *à part.* De mal en pis : je vais avoir une affaire avec le Chevalier.

Le Comte. Je vois que cette femme est une ingrate : je veux la quitter définitivement ; je veux partir à l'instant même de cette hôtellerie indigne de moi.

Le Marquis. Oui, vous faites bien ; partez.

Le Comte. Et vous, qui êtes un gentilhomme d'une si grande réputation, vous devriez partir avec moi.

Le Marquis. Mais... où pourrais-je bien aller ?

Le Comte. Je vous trouverai, moi, un logement : laissez-moi faire.

Le Marquis. Ce logement... sera, par exemple...

CONTE: Andremo in casa d'un mio paesano. Non ispenderemo nulla.

MARCHESE: Basta, siete tanto mio amico, che non posso dirvi di no.

CONTE: Andiamo, e vendichiamoci di questa femmina sconoscente.

MARCHESE: Sì, andiamo. *(da sé)* (Ma come sarà poi della boccetta? Son cavaliere, non posso fare una malazione.)

CONTE: Non vi pentite, signor Marchese, andiamo via di qui. Fatemi questo piacere, e poi comandatemi dove posso, che vi servirò.

MARCHESE: Vi dirò. In confidenza, ma che nessuno lo sappia. Il mio fattore mi ritarda qualche volta le mie rimesse...

CONTE: Le avete forse da dar qualche cosa?

MARCHESE: Sì, dodici zecchini.

CONTE: Dodici zecchini? Bisogna che sia dei mesi, che non pagate.

MARCHESE: Così è, le devo dodici zecchini. Non posso di qua partire senza pagarla. Se voi mi faceste il piacere...

CONTE: Volentieri. Eccovi dodici zecchini. *(Tira fuori la borsa.)*

Le Comte. Nous irons chez un de mes compatriotes : nous ne dépenserons rien.

Le Marquis. C'est convenu, vous êtes si fort mon ami que je ne puis pas refuser.

Le Comte. Partons et vengeons-nous de cette ingrate.

Le Marquis. Oui, partons ! *(À part.)* Mais, que va-t-il se passer pour le flacon ? Je suis gentilhomme, je ne peux pas commettre une mauvaise action.

Le Comte. Ne vous repentez pas, Monsieur le Marquis, allons-nous en d'ici. Faites-moi ce plaisir, et puis demandez-moi ce que je peux faire pour vous, je suis à votre disposition.

Le Marquis. Je vais vous parler en confidence, mais que personne ne le sache. Mon fermier est quelquefois en retard pour ses envois d'argent...

Le Comte. Vous devez peut-être quelque chose à Mirandoline ?

Le Marquis. Oui, douze sequins.

Le Comte. Douze sequins ? Il faut que vous n'ayez pas payé depuis des mois.

Le Marquis. C'est vrai, et je dois douze sequins à Mirandoline. Je ne puis partir d'ici sans la payer. Si vous vouliez me faire le plaisir...

Le Comte, *tirant sa bourse*. Volontiers. Voici les douze sequins.

MARCHESE: Aspettate. Ora che mi ricordo, sono tredici. *(Da sé.)* (Voglio rendere il suo zecchino anche al Cavaliere.)

CONTE: Dodici o tredici è lo stesso per me. Tenete.

MARCHESE: Ve li renderò quanto prima.

CONTE: Servitevi quanto vi piace. Danari a me non ne mancano; e per vendicarmi di costei, spenderei mille doppie.

MARCHESE: Sì, veramente è un'ingrata. Ho speso tanto per lei, e mi tratta così.

CONTE: Voglio rovinare la sua locanda. Ho fatto andar via anche quelle due commedianti.

MARCHESE: Dove sono le commedianti?

CONTE: Erano qui: Ortensia e Dejanira.

MARCHESE: Come! Non sono dame?

CONTE: No. Sono due comiche. Sono arrivati i loro compagni, e la favola è terminata.

MARCHESE *(da sé)*: (La mia boccetta!) Dove sono alloggiate?

CONTE: In una casa vicino al teatro.

MARCHESE *(da sé)*: (Vado subito a ricuperare la mia boccetta.) *(Parte.)*

Le Marquis. Attendez. Maintenant que je me rappelle, c'est treize sequins que je dois. *(À part.)* Je veux aussi rendre son sequin au Chevalier.

Le Comte. Douze ou treize, pour moi c'est la même chose : tenez.

Le Marquis. Je vous les rendrai bientôt.

Le Comte. À votre aise, quand il vous plaira. L'argent ne me manque pas et, pour me venger de cette femme, je dépenserais mille pistoles.

Le Marquis. Oui, c'est vraiment une ingrate. Avoir tant dépensé pour elle et me traiter de la sorte.

Le Comte. Je veux ruiner son hôtellerie. J'ai aussi fait partir les deux actrices.

Le Marquis. Quelles actrices ?

Le Comte. Celles qui étaient ici : Hortense et Déjanire.

Le Marquis. Comment ! ce ne sont pas des femmes de qualité ?

Le Comte. Pas le moins du monde : ce sont deux actrices. Leurs camarades de théâtre sont arrivés et la blague est finie.

Le Marquis, *à part.* Mon flacon ! *(Haut.)* Où sont-elles logées ?

Le Comte. Dans une maison voisine du théâtre.

Le Marquis, *à part.* Je vais tout de suite reprendre mon flacon. *(Il sort.)*

CONTE: Con costei mi voglio vendicar così. Il Cavaliere poi, che ha saputo fingere per tradirmi, in altra maniera me ne renderà conto. *(Parte.)*

La Locandiera (Acte III - Scène XII)
27:55

LE COMTE. Avec Mirandoline je veux me venger de cette manière. Ensuite, le Chevalier, qui a su dissimuler pour me trahir, me rendra raison d'une autre façon. *(Il sort.)*

Scena Tredicesima

Camera con tre porte.

MIRANDOLINA *(sola)*: Oh meschina me! Sono nel brutto impegno! Se il Cavaliere mi arriva, sto fresca. Si è indiavolato maledettamente. Non vorrei che il diavolo lo tentasse di venir qui. Voglio chiudere questa porta. *(Serra la porta da dove è venuta.)* Ora principio quasi a pentirmi di quel che ho fatto. È vero che mi sono assai divertita nel farmi correr dietro a tal segno un superbo, un disprezzator delle donne; ma ora che il satiro è sulle furie, vedo in pericolo la mia riputazione e la mia vita medesima. Qui mi convien risolvere quelche cosa di grande. Son sola, non ho nessuno dal cuore che mi difenda. Non ci sarebbe altri che quel buon uomo di Fabrizio, che in tal caso mi potesse giovare. Gli prometterò di sposarlo... Ma... prometti, prometti, si stancherà di credermi... Sarebbe quasi meglio ch'io lo sposassi davvero. Finalmente con un tal matrimonio posso sperar di mettere al coperto il mio interesse e la mia reputazione, senza pregiudicare alla mia libertà.

Scène XIII

Une chambre avec trois portes

Mirandoline. Malheureuse que je suis ! Dans quel guêpier me suis-je fourrée ? Si le Chevalier arrive, me voilà bien. IL s'est terriblement mis en fureur. Je ne voudrais pas que le diable le conduisit ici. Donnons d'abord un tour de clef à cette porte. *(Elle ferme à clef la porte par où elle est entrée.)* Je commence presque à me repentir de ce que j'ai fait. Il est vrai que je me suis énormément amusée à faire ainsi courir après moi un orgueilleux, un homme qui méprise les femmes ; mais à présent que ce sauvage est en fureur, je vois ma réputation, peut-être ma vie, en danger. Il me faut donc prendre une grande résolution. Je suis seule, je n'ai pas un cœur dévoué prêt à me défendre. Il n'y a que ce brave Fabrice qui puisse m'aider dans le cas actuel. Je lui promettrai de l'épouser... Mais promettre, toujours promettre ; il se fatiguera de me croire... Il vaut mieux que je me décide à l'épouser pour de vrai. Oui, par ce mariage, je puis espérer mettre à couvert mes intérêts et ma réputation, sans préjudice pour ma liberté.

Scena Quattordicesima

Il Cavaliere di dentro, e detta; poi Fabrizio.
Il Cavaliere batte per di dentro alla porta.

Mirandolina *(s'accosta)*: Battono a questa porta: chi sarà mai?

Cavaliere *(di dentro)*: Mirandolina.

Mirandolina *(da sé)*: (L'amico è qui.)

Cavaliere *(come sopra)*: Mirandolina, apritemi.

Mirandolina: (Aprirgli? Non sono sì gonza.) Che comanda, signor Cavaliere?

Cavaliere *(di dentro)*: Apritemi.

Mirandolina: Favorisca andare nella sua camera, e mi aspetti, che or ora son da lei.

Cavaliere *(come sopra)*: Perché non volete aprirmi?

Mirandolina: Arrivano de' forestieri. Mi faccia questa grazia, vada, che or ora sono da lei.

Cavaliere: Vado: se non venite, povera voi. *(Parte.)*

Scène XIV

MIRANDOLINE, *le* CHEVALIER *(frappant à la porte, par l'intérieur), puis* FABRICE

MIRANDOLINE. On frappe à cette porte. Qui cela peut-il bien être ? *(Elle s'approche de la porte.)*

LE CHEVALIER, *de l'intérieur.* Mirandoline !

MIRANDOLINE, *à part.* C'est lui.

LE CHEVALIER. Mirandoline, ouvrez-moi.

MIRANDOLINE, *à part.* Lui ouvrir ? Pas si sotte. *(Haut.)* Que désire Monsieur le Chevalier ?

LE CHEVALIER. Ouvrez-moi.

MIRANDOLINE. Que Monsieur veuille bien aller m'attendre dans sa chambre. Je suis à lui dans un instant.

LE CHEVALIER. Pourquoi ne voulez-vous pas m'ouvrir ?

MIRANDOLINE. Il m'arrive des étrangers. Que Monsieur veuille bien me faire le plaisir de s'en aller, et je vais le rejoindre immédiatement.

LE CHEVALIER. Je m'en vais. Si vous ne venez pas, gare à vous ! *(Il s'éloigne.)*

MIRANDOLINA: Se non venite, povera voi! Povera me, se vi andassi. La cosa va sempre peggio. Rimediamoci, se si può. È andato via? *(Guarda al buco della chiave.)* Sì, sì, è andato. Mi aspetta in camera, ma non vi vado. Ehi? Fabrizio. *(Ad un'altra porta.)* Sarebbe bella che ora Fabrizio si vendicasse di me, e non volesse... Oh, non vi è pericolo. Ho io certe manierine, certe smorfiette, che bisogna che caschino, se fossero di macigno. Fabrizio. *(Chiama ad un'altra porta.)*

FABRIZIO: Avete chiamato?

MIRANDOLINA: Venite qui; voglio farvi una confidenza.

FABRIZIO: Son qui.

MIRANDOLINA: Sappiate che il Cavaliere di Ripafratta si è scoperto innamorato di me.

FABRIZIO: Eh, me ne sono accorto.

MIRANDOLINA: Sì? Ve ne siete accorto? Io in verità non me ne sono mai avveduta.

FABRIZIO: Povera semplice! Non ve ne siete accorta! Non avete veduto, quando stiravate col ferro, le smorfie che vi faceva? La gelosia che aveva di me?

MIRANDOLINA: Io che opero senza malizia, prendo le cose con indifferenza. Basta; ora mi ha dette certe parole, che in verità, Fabrizio, mi hanno fatto arrossire.

MIRANDOLINE. Si vous ne venez pas, gare à vous ! Gare à moi plutôt, si j'y allais. La chose va de mal en pis. Il faut y remédier, si possible. Est-il parti ? *(Elle regarde par le trou de la serrure.)* Oui, oui, il est parti. IL m'attend dans sa chambre ; mais je n'irai certes pas. *(À une autre porte.)* Holà ! Fabrice ! Ce serait drôle que maintenant Fabrice se vengeât de moi, et ne voulût pas... Oh ! il n'y a pas de danger. J'ai certaines petites manières, certaines petites grimaces, auxquelles les hommes, seraient-ils de marbre, ne pourraient résister. *(Appelant à une autre porte.)* Fabrice !

FABRICE. Vous m'avez appelé ?

MIRANDOLINE. Approchez ; je veux vous faire une confidence.

FABRICE. Me voici : je vous écoute.

MIRANDOLINE. Sachez que le Chevalier de Ripafratta s'est rendu amoureux de moi.

FABRICE. Je m'en suis bien aperçu.

MIRANDOLINE. Vraiment ? Vous vous en êtes pas aperçu ! Moi, je le jure, je ne m'en suis jamais doutée.

FABRICE. Pauvre petite naïve ! Vous ne vous en êtes pas aperçue ! Vous n'avez pas vu, quand vous repassiez le linge, les grimaces qu'il vous faisait, la jalousie qu'il avait contre moi ?

MIRANDOLINE. Moi, j'agis sans malice et prends tout en bien. Mais cela suffit : il vient de me dire certaines paroles qui vraiment, Fabrice, m'ont fait rougir.

Fabrizio: Vedete: questo vuol dire perché siete una giovane sola, senza padre, senza madre, senza nessuno. Se foste maritata, non andrebbe così.

Mirandolina: Orsù, capisco che dite bene; ho pensato di maritarmi.

Fabrizio: Ricordatevi di vostro padre.

Mirandolina: Sì, me ne ricordo.

Fabrice. Eh ! bien, tout cela vous arrive parce que vous êtes orpheline, sans père ni mère, sans personne au monde. Si vous étiez mariée, il en irait autrement.

Mirandoline. Allons, je vois que vous avez raison : j'ai songé à me marier.

Fabrice. Souvenez-vous de votre père.

Mirandoline. Oui, je m'en souviens.

Scena Quindicesima

Il Cavaliere di dentro e detti.
Il Cavaliere batte alla porta dove era prima.

Mirandolina *(a Fabrizio)*: Picchiano.

Fabrizio *(forte verso la porta)*: Chi è che picchia?

Cavaliere *(di dentro)*: Apritemi.

Mirandolina *(a Fabrizio)*: Il Cavaliere.

Fabrizio: Che cosa vuole? *(S'accosta per aprirgli.)*

Mirandolina: Aspettate ch'io parta.

Fabrizio: Di che avete timore?

Mirandolina: Caro Fabrizio, non so, ho paura della mia onestà. *(Parte.)*

Fabrizio: Non dubitate, io vi difenderò.

Cavaliere *(Di dentro)*: Apritemi, giuro al cielo.

Fabrizio: Che comanda, signore? Che strepiti sono questi? In una locanda onorata non si fa così.

Scène XV

Les mêmes, Le Chevalier (de l'intérieur, frappant à la porte où il a déjà frappé)

Mirandoline, *à Fabrice.* On frappe.

Fabrice, *fort, dans la direction de la porte.* Qui frappe ?

Le Chevalier. Ouvrez-moi.

Mirandoline, *à Fabrice.* C'est le Chevalier.

Fabrice, *s'approchant pour ouvrir.* Que voulez-vous ?

Mirandoline. Attendez que je m'en aille ?

Fabrice. De qui avez-vous peur ?

Mirandoline. Mon cher Fabrice, je ne sais, j'ai peur pour ma réputation ! *(Elle sort.)*

Fabrice. Ne craignez rien, je vous défendrai.

Le Chevalier. Ouvrez, au nom du ciel !

Fabrice. Que désire Monsieur ? Que signifie tout ce vacarme ? Dans une hôtellerie bien famée, on ne se conduit pas ainsi.

CAVALIERE: Apri questa porta. *(Si sente che la sforza.)*

FABRIZIO: Cospetto del diavolo! Non vorrei precipitare. Uomini, chi è di là? Non ci è nessuno?

Le Chevalier. Ouvre cette porte. *(On entend qu'il la secoue.)*

Fabrice. Tonnerre du ciel ! Je ne voudrais pas... ! À moi, quelqu'un ! Il n'y a donc personne ?

Scena Sedicesima

Il Marchese ed il Conte dalla porta di mezzo, e detti.

Conte *(sulla porta)*: Che c'è?

Marchese *(sulla porta)*: Che rumore è questo?

Fabrizio *(piano, che il Cavaliere non senta)*: Signori, li prego: il signor Cavaliere di Ripafratta vuole sforzare quella porta.

Cavaliere *(di dentro)*: Aprimi, o la getto abbasso.

Marchese *(al Conte)*: Che sia diventato pazzo? Andiamo via.

Conte *(a Fabrizio)*: Apritegli. Ho volontà per appunto di parlar con lui.

Fabrizio: Aprirò; ma le supplico...

Conte: Non dubitate. Siamo qui noi.

Marchese *(da sé)*: (Se vedo niente niente, me la colgo.)

(Fabrizio apre, ed entra il Cavaliere.)

Scène XVI

*Les mêmes, le Marquis
et le Comte (entrant par la porte du milieu)*

Le Comte, *de la porte.* Qu'est-ce que c'est ?

Le Marquis, *de la porte.* Quel est ce vacarme ?

Fabrice, *bas pour que le Chevalier n'entende pas.* Messieurs, je vous prie : Monsieur le Chevalier de Ripafratta veut forcer cette porte.

Le Chevalier. Ouvre-moi ou j'enfonce la porte.

Le Marquis. Est-ce qu'il est devenu fou ? *(Au Comte.)* Allons-nous en.

Le Comte, *à Fabrice.* Ouvrez-lui. Je désire précisément lui palier.

Fabrice. Je vais ouvrir ; mais je supplie Monsieur le Comte

Le Comte. N'ayez pas peur : nous sommes là.

Le Marquis, *à part.* Si la moindre des choses arrive, je me défile.

(Fabrice ouvre la porte et le Chevalier entre.)

CAVALIERE: Giuro al cielo, dov'è?

FABRIZIO: Chi cercate, signore?

CAVALIERE: Mirandolina dov'è?

FABRIZIO: Io non lo so.

MARCHESE *(da sé)*: (L'ha con Mirandolina. Non è niente.)

CAVALIERE: Scellerata, la troverò. *(S'incammina, e scopre il Conte e il Marchese.)*

CONTE *(al Cavaliere)*: Con chi l'avete?

MARCHESE: Cavaliere, noi siamo amici.

CAVALIERE *(da sé)*: (Oimè! Non vorrei per tutto l'oro del mondo che nota fosse questa mia debolezza.)

FABRIZIO: Che cosa vuole, signore, dalla padrona?

CAVALIERE: A te non devo rendere questi conti. Quando comando, voglio esser servito. Pago i miei denari per questo, e giuro al cielo, ella avrà che fare con me.

FABRIZIO: V.S. paga i suoi denari per essere servito nelle cose lecite e oneste: ma non ha poi da pretendere, la mi perdoni, che una donna onorata...

CAVALIERE: Che dici tu? Che sai tu? Tu non entri ne' fatti miei. So io quel che ho ordinato a colei.

FABRIZIO: Le ha ordinato di venire nella sua camera.

La Locandiera (Acte III - Scène XVI)

LE CHEVALIER. Au nom du ciel, où est-elle ?

FABRICE. Qui Monsieur cherche-t-il ?

LE CHEVALIER. Où est Mirandoline ?

FABRICE. Je n'en sais rien.

LE MARQUIS, *à part*. Il est en colère contre Mirandoline. Ce n'est rien.

LE CHEVALIER. La misérable, je la trouverai. *(Il s'avance et aperçoit le Comte et le Marquis.)*

LE COMTE, *au* CHEVALIER. À qui en avez-vous !

LE MARQUIS. Chevalier, nous sommes vos amis.

LE CHEVALIER, *à part*. Malheur ! Je ne voudrais pas pour tout l'or du monde que ma faiblesse fût connue.

FABRICE. Que veut Monsieur à la patronne ?

LE CHEVALIER. Ce n'est pas à toi que je dois rendre ces comptes-là. Quand j'ordonne, je veux qu'on me serve. Je paie pour cela et, par le ciel, elle aura à faire à moi.

FABRICE. Votre Seigneurie donne son argent pour être servi en ce qui concerne les choses honnêtes et permises ; mais Elle ne peut ensuite prétendre, qu'Elle me pardonne, qu'une honnête femme...

LE CHEVALIER. Que dis-tu ? Que sais-tu ? Ne t'occupe pas de mes affaires. Je sais, moi, ce que j'ai ordonné à cette femme.

FABRICE. Monsieur Lui a ordonné de venir le trouver dans sa chambre.

CAVALIERE: Va via, briccone, che ti rompo il cranio.

FABRIZIO: Mi meraviglio di lei.

MARCHESE *(a Fabrizio)*: Zitto.

CONTE *(a Fabrizio)*: Andate via.

CAVALIERE *(a Fabrizio)*: Vattene via di qui.

FABRIZIO *(riscaldandosi)*: Dico, signore...

MARCHESE: Via.

CONTE: Via. *(Lo cacciano via.)*

FABRIZIO *(da sé)*: (Corpo di bacco! Ho proprio voglia di precipitare.) *(Parte.)*

Le Chevalier. Va-t-en, coquin, ou je te casse la tête.

Fabrice. Monsieur est étonnant.

Le Marquis, *à Fabrice.* Silence !

Le Comte, *à Fabrice.* Allez-vous en.

Le Chevalier, *à Fabrice.* Hors d'ici.

Fabrice, *s'échauffant.* Je dis, Monsieur.

Le Marquis. File.

Le Comte. Sortez.

(Ils le poussent dehors.)

Fabrice, *à part.* Cornes du diable ! J'ai bien envie de... *(Il sort.)*

Scena Diciassettesima

Il Cavaliere, il Marchese ed il Conte.

Cavaliere *(da sé)*: (Indegna! Farmi aspettar nella camera?)

Marchese *(piano al Conte)*: (Che diamine ha?)

Conte: (Non lo vedete? È innamorato di Mirandolina.)

Cavaliere *(da sé)*: (E si trattiene con Fabrizio? E parla seco di matrimonio?)

Conte *(da sé)*: (Ora è il tempo di vendicarmi.) Signor Cavaliere, non conviene ridersi delle debolezze altrui, quando si ha un cuore fragile come il vostro.

Cavaliere: Di che intendete voi di parlare?

Conte: So da che provengono le vostre smanie.

Cavaliere *(alterato, al Marchese)*: Intendete voi di che parli?

Marchese: Amico, io non so niente.

Scène XVII

Le Chevalier, le Marquis et le Comte

Le Chevalier, *à part.* Femme indigne ! Me faire attendre dans ma chambre.

Le Marquis, *bas au Comte.* Que diable a-t-il ?

Le Comte, *bas au Marquis.* Vous ne voyez donc pas ? Il est amoureux de Mirandoline.

Le Chevalier, *à part.* Et elle s'entretient avec Fabrice ! Et elle lui parle mariage !

Le Comte, *à part.* Voici le moment de me venger. *(Haut.)* Monsieur le Chevalier, il n'est pas convenable de se moquer des faiblesses d'autrui, quand on a un cœur aussi sensible que le vôtre.

Le Chevalier. De quoi voulez-vous parler ? Qu'entendez-vous dire ?

Le Comte. Je connais la source de vos fureurs.

Le Chevalier, *irrité, au Marquis.* Savez-vous de qui il veut parler ?

Le Marquis. Mon ami, je n'en sais rien.

CONTE: Parlo di voi, che col pretesto di non poter soffrire le donne, avete tentato rapirmi il cuore di Mirandolina, ch'era già mia conquista.

CAVALIERE *(alterato, verso il Marchese)*: Io?

MARCHESE: Io non parlo.

CONTE: Voltatevi a me, a me rispondete. Vi vergognate forse d'aver mal proceduto?

CAVALIERE: Io mi vergogno d'ascoltarvi più oltre, senza dirvi che voi mentite.

CONTE: A me una mentita?

MARCHESE *(da sé)*: (La cosa va peggiorando.)

CAVALIERE: Con qual fondamento potete voi dire?.. *(Al Marchese, irato.)* (Il Conte non sa ciò che si dica.)

MARCHESE: Ma io non me ne voglio impiciare.

CONTE: Voi siete un mentitore.

MARCHESE: Vado via. *(Vuol partire.)*

CAVALIERE: Fermatevi. *(Lo trattiene per forza.)*

CONTE: E mi renderete conto...

CAVALIERE: Sì, vi renderò conto... *(Al Marchese.)* Datemi la vostra spada.

MARCHESE: Eh via, acquietatevi tutti due. Caro Conte, cosa importa a voi che il Cavaliere ami Mirandolina?..

Le Comte. C'est de vous que je parle, de vous qui, sous prétexte de ne pouvoir souffrir les femmes, avez tenté de me ravir le cœur de Mirandoline, dont j'avais déjà fait la conquête.

Le Chevalier, *irrité, s'adressant au* Marquis. Moi ?

Le Marquis. Je n'ai rien dit.

Le Comte. Tournez-vous vers moi et répondez-moi. Vous avez peut-être bonté d'avoir mal agi ?

Le Chevalier. J'ai bonté de vous écouter plus longtemps, sans vous dire que vous mentez.

Le Comte. Un démenti, à moi !

Le Marquis, *à part.* L'affaire se gâte de plus en plus.

Le Chevalier. Sur quoi vous basez-vous pour parler ainsi ? *(Sur un ton de colère, au* Marquis.*)* Le Comte ne sait pas ce qu'il dit.

Le Marquis. Moi, je ne veux pas m'en mêler.

Le Comte. Vous êtes un menteur.

Le Marquis. Je m'en vais. *(Il veut sortir.)*

Le Chevalier, *le retenant de force.* Restez.

Le Comte. Et vous me rendrez raison

Le Chevalier. Oui, je vous rendrai raison... *(Au* Marquis.*)* Donnez-moi votre épée.

Le Marquis. Allons, allons ; calmez-vous tous-les deux ! Mon cher Comte, que vous importe que le Chevalier aime Mirandoline... ?

CAVALIERE: Io l'amo? Non è vero; mente chi lo dice.

MARCHESE: Mente? La mentita non viene da me. Non sono io che lo dico.

CAVALIERE: Chi dunque?

CONTE: Io lo dico e lo sostengo, e non ho soggezione di voi.

CAVALIERE *(al Marchese)*: Datemi quella spada.

MARCHESE: No, dico.

CAVALIERE: Siete ancora voi mio nemico?

MARCHESE: Io sono amico di tutti.

CONTE: Azioni indegne son queste.

CAVALIERE: Ah giuro al Cielo! *(Leva la spada al Marchese, la quale esce col fodero.)*

MARCHESE *(al Cavaliere)*: Non mi perdete il rispetto.

CAVALIERE *(al Marchese)*: Se vi chiamate offeso, darò soddisfazione anche a voi.

MARCHESE: Via; siete troppo caldo. *(Da se, rammaricandosi.)* (Mi dispiace...)

CONTE: Io voglio soddisfazione. *(Si mette in guardia.)*

CAVALIERE: Ve la darò. *(Vuol levar il fodero, e non può.)*

Le Chevalier. Moi, j'aime Mirandoline ? Ce n'est pas vrai : menteur qui le dit.

Le Marquis. Menteur ? Le démenti n'est pas pour moi ; ce n'est pas moi qui le dis.

Le Chevalier. Qui donc ?

Le Comte. C'est moi qui le dis, qui le maintiens et qui n'ai pas peur de vous.

Le Chevalier, *au Marquis*. Donnez-moi votre épée.

Le Marquis. Non, vous ne l'aurez pas.

Le Chevalier. Vous êtes, vous aussi, mon ennemi ?

Le Marquis. Moi, je suis l'ami de tout le monde.

Le Comte. Vos façons de vous conduire sont indignes.

Le Chevalier. Ait ! par le ciel. *(Il arrache au Marquis son épée, qui reste fixée au fourreau.)*

Le Marquis, *au Chevalier*. Ne me manquez pas de respect.

Le Chevalier, *au Marquis*. Si vous vous jugez offensé, je vous donnerai également satisfaction.

Le Marquis. Allons, vous êtes trop emporté. *(À part, sur un ton de regret.)* Il ne me plaît pas...

Le Comte, *se mettant en garde*. C'est moi qui vous demande satisfaction.

Le Chevalier, *qui essaie vainement de sortir l'épée du fourreau*. Je vais vous la donner.

MARCHESE: Quella spada non vi conosce...

CAVALIERE: Oh maledetta! *(Sforza per cavarlo.)*

MARCHESE: Cavaliere, non farete niente...

CONTE: Non ho più sofferenza.

CAVALIERE: Eccola. *(Cava la spada, e vede essere mezza lama.)* Che è questo?

MARCHESE: Mi avete rotta la spada.

CAVALIERE: Il resto dov'è? Nel fodero non v'è niente.

MARCHESE: Sì, è vero; l'ho rotta nell'ultimo duello; non me ne ricordavo.

CAVALIERE *(al Conte)*: Lasciatemi provveder d'una spada.

CONTE: Giuro al cielo, non mi fuggirete di mano.

CAVALIERE: Che fuggire? Ho cuore di farvi fronte anche con questo pezzo di lama.

MARCHESE: È lama di Spagna, non ha paura.

CONTE: Non tanta bravura, signor gradasso.

CAVALIERE: Sì, con questa lama. *(S'avventa verso il Conte.)*

CONTE: Indietro. *(Si pone in difesa.)*

Le Marquis. Cette épée ne vous connaît pas.

Le Chevalier, *s'efforçant de tirer l'épée hors du fourreau.* Ah ! maudite épée.

Le Marquis. Chevalier, vous n'arriverez à rien

Le Comte. Je suis à bout de patience.

Le Chevalier. Voilà ! *(Il tire l'épée et s'aperçoit qu'elle n'a que la moitié de la lame.)* Que signifie ?

Le Marquis. Vous avez cassé mon épée.

Le Chevalier. Le reste, où est-il ? Il n'y a plus rien dans le fourreau.

Le Marquis. Ah ! c'est vrai : je l'ai brisée lors de mon dernier duel ; je l'avais oublié.

Le Chevalier, *au* Comte. Donnez-moi le temps de chercher une épée.

Le Comte. Par le ciel, vous ne m'échapperez pas.

Le Chevalier. Fuir, moi ? Je suis prêt à vous tenir tête avec ce seul morceau de lame !

Le Marquis. C'est une lame de Tolède, elle n'a pas peur.

Le Comte. Pas tant de jactance, Monsieur le Gascon.

Le Chevalier, *s'avançant vers le Comte.* Oui, avec cette moitié de lame.

Le Comte, *se mettant en garde.* En garde !

Scena Diciottesima

Mirandolina, Fabrizio e detti.

Fabrizio: Alto, alto, padroni.

Mirandolina: Alto, signori miei, alto.

Cavaliere *(vedendo Mirandolina)*: (Ah maledetta!)

Mirandolina: Povera me! Colle spade?

Marchese: Vedete? Per causa vostra.

Mirandolina: Come per causa mia?

Conte: Eccolo lì il signor Cavaliere. È innamorato di voi.

Cavaliere: Io innamorato? Non è vero; mentite.

Mirandolina: Il signor Cavaliere innamorato di me? Oh no, signor Conte, ella s'inganna. Posso assicurarla, che certamente s'inganna.

Conte: Eh, che siete voi pur d'accordo...

Mirandolina: Si, si vede...

Scène XVIII

Les mêmes, Mirandoline, Fabrice

Fabrice. Arrêtez, arrêtez, mes maîtres.

Mirandoline. Arrêtez, Messieurs, arrêtez.

Le Chevalier, *apercevant* Mirandoline, *et à part.* Misérable !

Mirandoline. Malheureuse que je suis ! Ils se battent.

Le Marquis. Vous voyez ? Tout cela par votre faute.

Mirandoline. Comment par ma faute.

Le Comte. Le voilà, Monsieur le Chevalier : il est amoureux de vous.

Le Chevalier. Moi, amoureux ? Ce n'est pas vrai : vous mentez.

Mirandoline. Monsieur le Chevalier amoureux de moi ? Oh ! non. Monsieur le Comte se trompe. Je peux lui affirmer que certainement il se trompe.

Le Comte. Eh ! Vous êtes même peut-être d'accord

Le Marquis. On le sait, on le voit...

CAVALIERE *(alterato, verso il Marchese)*: Che si sa? Che si vede?

MARCHESE: Dico, che quando è, si sa... Quando non è, non si vede.

MIRANDOLINA: Il signor cavaliere innamorato di me? Egli lo nega, e negandolo in presenza mia, mi mortifica, mi avvilisce, e mi fa conoscere la sua costanza e la mia debolezza. Confesso il vero, che se riuscito mi fosse d'innamorarlo, avrei creduto di fare la maggior prodezza del mondo. Un uomo che non può vedere le donne, che le disprezza, che le ha in mal concetto, non si può sperare d'innamorarlo. Signori miei, io sono una donna schietta e sincera: quando devo dir, dico, e non posso celare la verità. *(Al Cavaliere.)* Ho tentato d'innamorare il signor Cavaliere, ma non ho fatto niente.

CAVALIERE *(da sé)*: (Ah! Non posso parlare.)

CONTE *(a Mirandolina)*: Lo vedete? Si confonde.

MARCHESE *(a Mirandolina)*: Non ha coraggio di dir di no.

CAVALIERE *(al Marchese, irato)*: Voi non sapete quel che vi dite.

MARCHESE *(al Cavaliere, dolcemente)*: E sempre l'avete con me.

Le Chevalier, *d'un air furieux, au* Marquis. Que sait-on ? Que voit-on ?

Le Marquis. Je dis que quand cela est, on le sait... que quand cela n'est pas, cela ne se voit pas...

Mirandoline. Monsieur le Chevalier amoureux de moi ? Il le nie et, en le niant en ma présence, il me mortifie, m'humilie et me fait reconnaître sa fermeté et ma faiblesse. Je dois dire la vérité. Si j'avais réussi à le rendre amoureux, j'aurais cru avoir accompli la plus belle des prouesses. Un homme qui ne peut sentir les femmes, qui les méprise, qui en a une mauvaise opinion, on ne saurait espérer le rendre amoureux ! Messieurs, je suis une femme franche et sincère ; quand je dois parler, je parle et je ne peux pas cacher la vérité. J'ai essayé de rendre Monsieur le Chevalier amoureux de moi, mais je n'ai pas réussi. *(Au* Chevalier.*)* Est-ce vrai, Monsieur ? J'ai travaillé, travaillé et ne suis arrivée à rien.

Le Chevalier, *à part.* Ah ! Ne pas pouvoir parler.

Le Comte, *à* Mirandoline. Vous le voyez, il reste confondu.

Le Marquis, *à* Mirandoline. Il n'a pas le courage de dire non.

Le Chevalier, *au* Marquis, *sur un ton colère.* Vous ne savez pas ce que vous dites !

Le Marquis, *au* Chevalier, *avec douceur.* Vous vous en prenez toujours à moi.

MIRANDOLINA: Oh, il signor Cavaliere non s'innamora. Conosce l'arte. Sa la furberia delle donne: alle parole non crede; delle lagrime non si fida. Degli svenimenti poi se ne ride.

CAVALIERE: Sono dunque finte le lagrime delle donne, sono mendaci gli svenimenti?

MIRANDOLINA: Come! Non lo sa, o finge di non saperlo?

CAVALIERE: Giuro al cielo! Una tal finzione meriterebbe uno stile nel cuore.

MIRANDOLINA: Signor Cavaliere, non si riscaldi, perché questi signori diranno ch'è innamorato davvero.

CONTE: Sì, lo è, non lo può nascondere.

MARCHESE: Si vede negli occhi.

CAVALIERE *(irato al Marchese)*: No, non lo sono.

MARCHESE: E sempre con me.

MIRANDOLINA: No signore, non è innamorato. Lo dico, lo sostengo, e son pronta a provarlo.

CAVALIERE *(da sé)*: (Non posso più.) *(Getta via la mezza spada del Marchese.)* Conte, ad altro tempo mi troverete provveduto di spada.

MIRANDOLINE. Oh ! Monsieur le Chevalier ne se laisse pas facilement entortiller ! Il connaît toutes les rouseries des femmes, il est au courant de leurs fourberies, il ne croit pas à leurs paroles, il se défie de leurs larmes et se moque de leurs évanouissements.

LE CHEVALIER. Les larmes des femmes sont donc simulées ? Leurs évanouissements ne sont donc que des mensonges ?

MIRANDOLINE. Comment, Monsieur ne le sait pas, ou bien feint-il de ne pas le savoir ?

LE CHEVALIER. Par le ciel, une telle dissimulation mériterait un coup de poignard dans le cœur !

MIRANDOLINE. Que Monsieur le Chevalier ne se mette pas en colère, autrement ces Messieurs diront qu'il est amoureux pour de bon.

LE COMTE. Oui, il l'est, et il ne peut pas le cacher.

LE MARQUIS. On le voit dans ses yeux.

LE CHEVALIER, *en colère, au MARQUIS.* Non, je ne le suis pas.

LE MARQUIS. Il s'en prend toujours à moi.

MIRANDOLINE. Non, Monsieur le Chevalier n'est pas amoureux de moi. Je le dis, le maintiens et suis prête à le prouver.

LE CHEVALIER, *à part.* Je n'en puis plus. *(Il jette par terre le morceau d'épée du Marquis.)* Comte, plus tard vous me trouverez pourvu d'une épée !

MARCHESE: Ehi! la guardia costa denari. *(La prende di terra.)*

MIRANDOLINA: Si fermi, signor Cavaliere, qui ci va della sua riputazione. Questi signori credono ch'ella sia innamorato; bisogna disingannarli.

CAVALIERE: Non vi è questo bisogno.

MIRANDOLINA: Oh sì, signore. Si trattenga un momento.

CAVALIERE *(da sé)*: (Che far intende costei?)

MIRANDOLINA: Signori, il più certo segno d'amore è quello della gelosia, e chi non sente la gelosia, certamente non ama. Se il signor Cavaliere mi amasse, non potrebbe soffrire ch'io fossi d'un altro, ma egli lo soffrirà, e vedranno...

CAVALIERE: Di chi volete voi essere?

MIRANDOLINA: Di quello a cui mi ha destinato mio padre.

FABRIZIO *(a Mirandolina)*: Parlate forse di me?

MIRANDOLINA: Sì, caro Fabrizio, a voi in presenza di questi cavalieri vo' dar la mano di sposa.

CAVALIERE *(da sé, smaniando)*: (Oimè! Con colui? non ho cuor di soffrirlo.)

CONTE *(da sé)*: (Se sposa Fabrizio, non ama il Cavaliere.) Sì, sposatevi, e vi prometto trecento scudi.

Le Marquis, *ramassant son morceau d'épée.* Eh ! la garde vaut de l'argent.

Mirandoline. Que Monsieur le Chevalier veuille bien rester encore un instant ; il y va de sa réputation. Ces Messieurs croient que Monsieur le Chevalier est amoureux ; il faut les détromper.

Le Chevalier. La chose n'est pas nécessaire.

Mirandoline. Oh ! pardon. Que Monsieur veuille bien attendre un moment.

Le Chevalier, *à part.* Que prétend-elle faire ?

Mirandoline. Messieurs, le signe le plus certain de l'amour est, dit-on, la jalousie, car celui qui n'est pas jaloux n'aime certainement pas. Si Monsieur le Chevalier m'aimait, il ne pourrait pas souffrir que je fusse à un autre ; mais il le souffrira et ces Messieurs verront alors

Le Chevalier. À qui voulez-vous appartenir ?

Mirandoline. À celui à qui mon père m'a destinée.

Fabrice, *à Mirandoline.* Vous parlez peut-être de moi ?

Mirandoline. Oui, mon cher Fabrice, c'est à vous, en présence de ces Messieurs, que j'accorde ma main.

Le Chevalier, *à part.* Hélas ! Elle épouse Fabrice. Je n'ai pas la force de supporter pareille chose.

Le Comte, *à part.* Si elle épouse Fabrice, c'est qu'elle n'aime pas le Chevalier. *(Haut.)* Oui, mariez-vous et je vous promets trois cents écus.

MARCHESE: Mirandolina, è meglio un uovo oggi, che una gallina domani. Sposatevi ora, e vi do subito dodici zecchini.

MIRANDOLINA: Grazie, signori, non ho bisogno di dote. Sono una povera donna senza grazia, senza brio, incapace d'innamorar persone di merito. Ma Fabrizio mi vuol bene, ed io in questo punto alla presenza loro lo sposo...

CAVALIERE: Sì, maledetta, sposati a chi tu vuoi. So che tu m'ingannasti, so che trionfi dentro di te medesima d'avermi avvilito, e vedo sin dove vuoi cimentare la mia tolleranza. Meriteresti che io pagassi gli inganni tuoi con un pugnale nel seno; meriteresti ch'io ti strappassi il cuore, e lo recassi in mostra alle femmine lusinghiere, alle femmine ingannatrici. Ma ciò sarebbe un doppiamente avvilirmi. Fuggo dagli occhi tuoi: maledico le tue lusinghe, le tue lagrime, le tue finzioni; tu mi hai fatto conoscere qual infausto potere abbia sopra di noi il tuo sesso, e mi hai fatto a costo mio imparare, che per vincerlo non basta, no, disprezzarlo, ma ci conviene fuggirlo. *(Parte.)*

Le Marquis. Mirandoline, un tiens vaut mieux que deux tu l'auras : mariez-vous sur l'heure et je vous donne immédiatement douze sequins.

Mirandoline. Merci, Messieurs, je n'ai pas besoin de dot. Je suis une pauvre fille sans grâce, sans attraits, incapable de rendre amoureux un homme de mérite. Mais Fabrice m'aime et moi, à l'instant même, en votre présence, je consens à l'épouser.

Le Chevalier. Oui, malheureuse, épouse qui tu voudras. Je sais que tu m'as trompé. Je sais que tu triomphes en toi-même de m'avoir rendu ridicule, et je vois jusqu'à quel point tu veux éprouver ma condescendance. Tu mériterais 'qu'un coup de poignard te récompensât de tes duperies. Tu mériterais que je t'arrache le cœur, pour le montrer aux femmes cajoleuses, aux femmes trompeuses. Mais ce serait doublement m'avilir. Je fuis loin de tes yeux ; je maudis tes flatteries, tes larmes, tes fourberies. Tu m'as fait comprendre quel funeste pouvoir ton sexe a sur le nôtre, et tu m'as fait apprendre à mes dépens, que pour vous vaincre il ne suffit pas de vous mépriser, mais qu'il importe de vous fuir. *(Il sort.)*

Scena Diciannovesima

Mirandolina, il Conte, il Marchese e Fabrizio.

Conte: Dica ora di non essere innamorato.

Marchese: Se mi dà un'altra mentita, da cavaliere lo sfido.

Mirandolina: Zitto, signori zitto. È andato via, e se non torna, e se la cosa passa così, posso dire di essere fortunata. Pur troppo, poverino, mi è riuscito d'innamorarlo, e mi son messa ad un brutto rischio. Non ne vo' saper altro. Fabrizio, vieni qui, caro, dammi la mano.

Fabrizio: La mano? Piano un poco, signora. Vi dilettate d'innamorar la gente in questa maniera, e credete ch'io vi voglia sposare?

Mirandolina: Eh via, pazzo! È stato uno scherzo, una bizzarria, un puntiglio. Ero fanciulla, non avevo nessuno che mi comandasse. Quando sarò maritata, so io quel che farò.

Fabrizio: Che cosa farete?

Scène XIX

Mirandoline, Le Comte. Le Marquis et Fabrice

Le Comte, *parlant fort.* Qu'il dise maintenant qu'il n'est pas amoureux.

Le Marquis, *parlant fort.* S'il me donne un autre démenti, foi de gentilhomme, je le provoque en duel.

Mirandoline. Plus bas. Messieurs, plus bas. Le Chevalier s'en est allé et s'il ne revient pas, si la chose se termine ainsi. Je pourrai dire que j'ai de la chance. Je ne l'ai que trop poussé à bout, le pauvre homme, et je me sais mise dans un mauvais cas. Je ne veux plus rien savoir. Fabrice, viens ici, mon cher : donne-moi la main.

Fabrice. La main ? Tout doux. Madame. Vous prenez plaisir à rendre les gens amoureux de vous, et vous croyez que je vais vous épouser ?

Mirandoline. Allons, fou que tu es ! C'était une plaisanterie, un coup de tête, un point d'amour-propre. J'étais une enfant : je n'avais personne pour me guider. Quand je serai mariée, je sais ce que je ferai.

Fabrice. Et que ferez-vous donc ?

Scena Ultima

Il Servitore del Cavaliere e detti.

SERVITORE: Signora padrona, prima di partire son venuto a riverirvi.

MIRANDOLINA: Andate via?

SERVITORE: Sì. Il padrone va alla Posta. Fa attaccare: mi aspetta colla roba, e ce ne andiamo a Livorno.

MIRANDOLINA: Compatite, se non vi ho fatto...

SERVITORE: Non ho tempo da trattenermi. Vi ringrazio, e vi riverisco. *(Parte.)*

MIRANDOLINA: Grazie al cielo, è partito. Mi resta qualche rimorso; certamente è partito con poco gusto. Di questi spassi non me ne cavo mai più.

CONTE: Mirandolina, fanciulla o maritata che siate, sarò lo stesso per voi.

MARCHESE: Fate pure capitale della mia protezione.

Scène Dernière

Les mêmes. Le Domestique du Chevalier

Le Domestique. Madame la patronne, avant de partir, je suis venu vous présenter mes salutations.

Mirandoline. Vous partez ?

Le Domestique. Oui. Mon maître se rend à la poste pour faire atteler : il m'y attend avec les bagages et nous partons pour Livourne.

Mirandoline. Excusez-moi si je ne vous ai pas fait…

Le Domestique. Je n'ai pas le temps de m'arrêter davantage. Je vous remercie et vous présente mes salutations. *(Il sort.)*

Mirandoline. Dieu soit loué ! Il est parti. Il me reste quelques remords : il est certainement parti avec peu de plaisir. Je n'en ferai jamais plus de ces plaisanteries.

Le Comte. Mirandoline, que vous vous mariez ou que vous restiez fille, je serai le même pour vous.

Le Marquis. Comptez aussi sur ma protection.

MIRANDOLINA: Signori miei, ora che mi marito, non voglio protettori, non voglio spasimanti, non voglio regali. Sinora mi sono divertita, e ho fatto male, e mi sono arrischiata troppo, e non lo voglio fare mai più. Questi è mio marito...

FABRIZIO: Ma piano, signora...

MIRANDOLINA: Che piano! Che cosa c'è? Che difficoltà ci sono? Andiamo. Datemi quella mano.

FABRIZIO: Vorrei che facessimo prima i nostri patti.

MIRANDOLINA: Che patti? Il patto è questo: o dammi la mano, o vattene al tuo paese.

FABRIZIO: Vi darò la mano... ma poi...

MIRANDOLINA: Ma poi, sì, caro, sarò tutta tua; non dubitare di me ti amerò sempre, sarai l'anima mia.

FABRIZIO: Tenete, cara, non posso più. *(Le dà la mano.)*

MIRANDOLINA *(da sé)*: (Anche questa è fatta.)

CONTE: Mirandolina, voi siete una gran donna, voi avete l'abilità di condur gli uomini dove volete.

MARCHESE: Certamente la vostra maniera obbliga infinitamente.

MIRANDOLINA: Se è vero ch'io possa sperar grazie da lor signori, una ne chiedo loro per ultimo.

MIRANDOLINE. Mes chers Messieurs, puisque je me marie, je ne veux plus de protecteur, je ne veux plus d'adorateurs, je ne veux plus de cadeaux. Jusqu'à ce jour, je me suis amusée et j'ai mal agi ; je me suis trop risquée, et je ne le ferai plus jamais. Voici mon mari...

FABRICE. Mais doucement, Madame...

MIRANDOLINE. Eh ! quoi, doucement. Qu'est-ce que c'est ? Quelle difficulté y a-t-il ? Allons, donnez-moi cette main.

FABRICE. Je voudrais d'abord établir nos conventions.

MIRANDOLINE. Quelles conventions ? Les conventions, les voici : donne-moi la main ou retourne dans ton pays.

FABRICE. Je vous donne la main... Mais après...

MIRANDOLINE. Après, oui, mon cher, je serais toute à toi. Ne doute pas de moi. Je t'aimerai toujours, tu seras le trésor de ma vie.

FABRICE. Tenez, ma chère, je n'en peux plus. *(Il lui donne la main.)*

MIRANDOLINE, *à part*. Voilà encore une affaire terminée.

LE COMTE. Mirandoline, vous êtes une femme supérieure : vous avez l'habileté de faire des hommes ce que vous voulez.

LE MARQUIS. Certainement, vos façons sont très obligeantes.

MIRANDOLINE. S'il est possible que je puisse espérer que Vos Seigneuries me pardonnent, je leur demande de m'accorder une dernière grâce.

CONTE: Dite pure.

MARCHESE: Parlate.

FABRIZIO *(da sé)*: (Che cosa mai adesso domanderà?)

MIRANDOLINA: Le supplico per atto di grazia, a provvedersi di un'altra locanda.

FABRIZIO *(da sé)*: (Brava; ora vedo che la mi vuol bene.)

CONTE: Sì, vi capisco e vi lodo. Me ne andrò, ma dovunque io sia, assicuratevi della mia stima.

MARCHESE: Ditemi: avete voi perduta una boccettina d'oro?

MIRANDOLINA: Sì signore.

MARCHESE: Eccola qui. L'ho ritrovata, e ve la rendo. Partirò per compiacervi, ma in ogni luogo fate pur capitale della mia protezione.

MIRANDOLINA: Queste espressioni mi saran care, nei limiti della convenienza e dell'onestà. Cambiando stato, voglio cambiar costume; e lor signori ancora profittino di quanto hanno veduto, in vantaggio e sicurezza del loro cuore; e quando mai si trovassero in occasioni di dubitare, di dover cedere, di dover cadere, pensino alle malizie imparate, e si ricordino della Locandiera.

La Locandiera (Acte III - Scène XX)
47:30

Le Comte. Parlez donc.

Le Marquis. Dites ce que vous désirez.

Fabrice, *à part*. Que diable va-t-elle leur demander maintenant ?

Mirandoline. Je supplie Vos Seigneuries, par gentillesse, de se pourvoir d'une autre hôtellerie.

Fabrice, *à part*. Bravo ! Je vois maintenant qu'elle m'aime.

Le Comte. Oui, je vous comprends et je vous approuve. Je m'en irai, mais partout où je puisse être, soyez certaine de mon estime.

Le Marquis. Dites-moi : avez-vous perdu un petit flacon en or ?

Mirandoline. Oui, Monsieur.

Le Marquis. Le voici. Je l'ai retrouvé et je vous le rends. Je partirai pour vous faire plaisir, mais où que je sois, comptez toujours sur ma protection.

Mirandoline. Ces sentiments me sont précieux, dans la limite des convenances et de l'honnêteté. En changeant de situation, je veux aussi changer d'habitudes. Que Vos Seigneuries mettent à profit, pour le bien et la sécurité de leur cœur, ce qui s'est passé dans cette maison. Si jamais Vos Seigneuries se trouvaient avoir à craindre de céder à l'amour, qu'Elles se rappellent les malices de Mirandoline, qu'Elles se souviennent de la jeune hôtelière.

Fine

Fin

DANS LA MÊME ÉDITION BILINGUE + AUDIO INTÉGRÉ :

- NIETOTCHKA NEZVANOVA (Fiodor Dostoïevski)   *russe-français*
- LE PETIT HÉROS (Fiodor Dostoïevski)   *russe-français*
- LE VIY (Nicolas Gogol)   *russe-français*
- LE NEZ (Nicolas Gogol)   *russe-français*
- LE PORTRAIT (Nicolas Gogol)   *russe-français*
- TARASS BOULBA (Nicolas Gogol)   *russe-français*
- LE JOURNAL D'UN FOU (Nicolas Gogol)   *russe-français*
- LA MÈRE (Maxime Gorki)   *russe-français*
- LA PAUVRE LISE (Nikolaï Karamzine)   *russe-français*
- LA DAME DE PIQUE (Alexandre Pouchkine)   *russe-français*
- LA FILLE DU CAPITAINE (Alexandre Pouchkine)   *russe-français*
- TROIS CONTES RUSSES (Mikhaïl Saltykov-Chtchédrine)   *russe-français*
- LA MORT D'IVAN ILITCH (Léon Tolstoï)   *russe-français*
- LE FAUX-COUPON (Léon Tolstoï)   *russe-français*
- PÈRES ET FILS (Ivan Tourgueniev)   *russe-français*

- ROUDINE (Ivan Tourgueniev) *russe-français*
- NOUS AUTRES (Ievgueni Zamiatine) *russe-français*
- AGNÈS GREY (Anne Brontë) *anglais-français*
- WUTHERING HEIGHTS (Emily Brontë) *anglais-français*
- LA RACE À VENIR (Edward Bulwer-Lytton) *anglais-français*
- LE NOMMÉ JEUDI (G. K. Chesterton) *anglais-français*
- L'HÔTEL HANTÉ (Wilkie Collins) *anglais-français*
- GASPAR RUIZ (Joseph Conrad) *anglais-français*
- MA VIE D'ESCLAVE AMÉRICAIN (Frederick Douglass) *anglais-français*
- MA VIE, MON ŒUVRE (Henry Ford) *anglais-français*
- LISETTE LEIGH (Elizabeth Gaskell) *anglais-français*
- LA FILLE DE RAPPACCINI (Nathaniel Hawthorne) *anglais-français*
- LE LIVRE DES MERVEILLES (Nathaniel Hawthorne) *anglais-français*
- SLEEPY HOLLOW (Washington Irving) *anglais-français*
- LE TOUR D'ÉCROU (Henry James) *anglais-français*
- LES PAPIERS D'ASPERN (Henry James) *anglais-français*
- RASSELAS, PRINCE D'ABYSSINIE (Samuel Johnson) *anglais-français*
- L'HOMME QUI VOULUT ÊTRE ROI (Rudyard Kipling) *anglais-français*
- LE LIVRE DE LA JUNGLE (Rudyard Kipling) *anglais-français*
- JOHN BARLEYCORN (Jack London) *anglais-français*
- LES VAGABONDS DU RAIL (Jack London) *anglais-français*
- L'ASSERVISSEMENT DES FEMMES (John Stuart Mill) *anglais-français*
- LE VAMPIRE (John Polidori, Lord Byron) *anglais-français*
- ROMÉO ET JULIETTE (William Shakespeare) *anglais-français*
- HAMLET (William Shakespeare) *anglais-français*
- OTHELLO (William Shakespeare) *anglais-français*
- OLALLA (R. L. Stevenson) *anglais-français*
- L'ÎLE AU TRÉSOR (R. L. Stevenson) *anglais-français*
- L'ÉTRANGE CAS DE DR JEKYLL ET M. HYDE (Stevenson) *anglais-français*
- WALDEN, OU LA VIE DANS LES BOIS (Thoreau) *anglais-français*
- LA DÉSOBÉISSANCE CIVILE (Thoreau) *anglais-français*
- PLUS FORT QUE SHERLOCK HOLMES (Mark Twain) *anglais-français*
- LA MACHINE À EXPLORER LE TEMPS (H. G. Wells) *anglais-français*

- LE PAYS DES AVEUGLES (H. G. Wells) *anglais-français*
- ETHAN FROME (Édith Wharton) *anglais-français*
- LE PORTRAIT DE DORIAN GRAY (Oscar Wilde) *anglais-français*
- LE FANTÔME DE CANTERVILLE (Oscar Wilde) *anglais-français*
- SALOMÉ (Oscar Wilde) *anglais-français*
- L'ÉTRANGE HISTOIRE DE PETER SCHLEMIHL (Chamisso) *allemand-français*
- CONTES CHOISIS (Frères Grimm) *allemand-français*
- L'HOMME AU SABLE (E.T.A. Hoffmann) *allemand-français*
- LE JOUEUR D'ÉCHECS (Stefan Zweig) *allemand-français*
- LE BOUQUINISTE MENDEL (Stefan Zweig) *allemand-français*
- LES CAHIERS DE MALTE LAURIDS BRIGGE (R.M. Rilke) *allemand-français*
- LES SOUFFRANCES DU JEUNE WERTHER (J.W. Goethe) *allemand-français*
- CONTES (H.C. Andersen) *danois-français*
- CORNÉLIA (Cervantès) *espagnol-français*
- RINCONÈTE ET CORTADILLO (Cervantès) *espagnol-français*
- ALICE AU PAYS DES MERVEILLES (Lewis Carroll) *espéranto-français*
- LA SAGA DE NJAL (Anonyme) *islandais-français*
- LES AVENTURES DE PINOCCHIO (Carlo Collodi) *italien-français*
- LA LOCANDIERA (Carlo Goldoni) *italien-français*
- LE PRINCE (Nicolas Machiavel) *italien-français*
- MAX HAVELAAR (Multatuli) *néerlandais-français*
- LE PETIT JOHANNES (Frederik van Eeden) *néerlandais-français*
- UNE MAISON DE POUPÉE (Henrik Ibsen) *norvégien-français*
- ANIELKA (Bolesław Prus) *polonais-français*
- BARTEK VAINQUEUR (Henryk Sienkiewicz) *polonais-français*
- MÉMOIRES POSTHUMES DE BRÁS CUBAS (M. de Assis) *portugais-français*

Impression CreateSpace
à Charleston SC, en octobre 2019.

En couverture :
Eugène de Blaas,
« Une jeune beauté » (1908)
Collection privée

Découvrez l'ensemble de nos ouvrages
sur notre site :

www.laccolade-editions.com

www.ingramcontent.com/pod-product-compliance
Lightning Source LLC
Chambersburg PA
CBHW032032150426
43194CB00006B/244